GRENZGÄNGER

INTERNATIONALES BILDHAUERSYMPOSION SCHWARZENBERG 1992

INTERNATIONAL SCULPTORS' SYMPOSIUM SCHWARZENBERG 1992

MEZINÁRODNÍ SOCHAŘSKÉ SYMPOZIUM SCHWARZENBERG 1992

EDITION GRENZGÄNGER

Das Gebiet der Dreiländerecke von Bayern, Böhmen und Oberösterreich beherbergt seit 1991 ein innovatives Kunstereignis, das jedes Jahr abwechselnd in einem der drei Länder stattfindet und an dem Künstler aus aller Welt teilnehmen. Es sind die Internationalen Bildhauersymposien, an deren Entwicklung Oberösterreich wesentlichen Anteil hat.

Ich freue mich, daß unsere nördlichste Gemeinde Schwarzenberg am Böhmerwald Veranstaltungsort geworden ist und daß das Symposion unter großer Mitwirkung der Bevölkerung so erfolgreich stattgefunden hat.

Mögen von dieser gemeinsamen Grenzregion weitere wertvolle Impulse für unsere gemeinsame Zukunft in Europa ausgehen. Das wünsche ich unserem Land und allen unseren Nachbarn.

Dr. JOSEF RATZENBÖCK
Landeshauptmann
von Oberösterreich

The three borders area of Bavaria, Bohemia and Upper Austria has hosted an innovative art event since 1991, which takes place every year alternately in one of the three countries, and in which artists from all over the world participate. This is the International Sculptors' Symposium, and Upper Austria played an essential role in its development.

I am pleased that our northernmost community, Schwarzenberg by the Bohemian Woods, became the location for this event, and that the symposium was such a success through the great support from the local people.

May many more valuable impulses for our common future in Europe emanate from this common border region. This is what I wish for our country and for all of our neighbors.

Dr. JOSEF RATZENBÖCK
Governor
of the Province of Upper Austria

Trojúhelník země mezi Bavorskem, Čechami a Horním Rakouskem hostí od roku 1991 novou kulturní událost, která se koná každý rok střídavě v jedně z těchto tří zemí a jíž se zúčastní umělci z celého světa. Jsou to mezinárodní sochařská sympozia, na jejichž rozvoji má Horní Rakousko podstatný podíl.

Mám radost, že se naše nejsevernější osada Schwarzenberg na Šumavě stala místem jejich pořádání a že sympozium proběhlo tak úspěšně a za takově podporyobyvatel.

Ať z této společné hraniční oblasti vyjdou další cenné impulzy pro naši společnou evropskou budoucnost. To přeji naší zemi i všem našim sousedům.

Dr. JOSEF RATZENBÖCK
zemský hejtman Horního Rakouska

Dort, wo über 40 Jahre lang der Eiserne Vorhang schmerzhaft Europa trennte, wird erfolgreich neue Nachbarschaft gelebt und gepflegt. So finden dort auch jedes Jahr die Internationalen Bildhauersymposien statt.

Die dabei entstandenen Skulpturen sind sichtbare Zeichen für die neuentwickelten Beziehungen zueinander. Dort, wo sich vor kurzem noch die todbringenden technischen Sperren des Eisernen Vorhanges befanden, entstehen nun weiträumige Skulpturenparks, die allen Besuchern offen stehen.

Ich danke den vielen Bildhauern aus aller Welt, die in und für Schwarzenberg im Sommer 1992 so beachtliche Skulpturen geschaffen haben. Damit haben sie einen wichtigen Beitrag für diese neue Europäische Kunstregion geleistet.

Dr. JOSEF PÜHRINGER
Kulturreferent des Landes Oberösterreich

In the place where the Iron Curtain painfully separated Europe for over forty years, a new form of neighborliness is being lived and loved. Thus the International Sculptors' Symposien also take place there every year.

The sculptures that have been created in the course of the symposien remain as a visible sign of the newly developed interrelationships. There, where recently the deadly technical barriers of the Iron Curtain were to be found, now there are spacious sculpture parks that are open to all visitors.

I would like to thank the sculptors from all over the world, who created such remarkable sculptures in and for Schwarzenberg in the Summer of 1992. With these, they have made an important contribution to this new European fine arts region.

Dr. JOSEF PÜHRINGER
Head of the Department for Culture for the Province of Upper Austria

Tam, kde železná opona po 40 let bolestivě roztínala Evropu, tam dnes žije a kvete nové sousedství. Tam se každý rok konají mezinárodní sochařská sympozia.

Skulptury, vzniklé při této příležitosti, jsou zřetelným znakem nově rozvinutých vzájemných vztahů. V místech, kde se ještě před nedávnem nacházela smrtící technická zařízení železné opony, dnes vznikají rozsáhlé parky skulptur, přístupné každému návštěvníkovi.

Děkuji všem sochařům z celého světa, kteří v létě 1992 ve Schwarzenbergu a pro Schwarzenberg vytvořili tak významné skulptury. Velkou měrou tak přispěli k vytvoření této nové evropské umělecké oblasti.

Dr. JOSEF PÜHRINGER
kulturní referent země Horní Rakousko

HOLZSYMPOSION AN DER GRENZE – DAS WUNDER VON SCHWARZENBERG

Mitten im Ort liegt die Hofwies'n vom Manzenreiter. Nach Norden wird sie vom Adalbert-Stifter-Gasthof und einer Bäkkerei abgeschlossen, nach Osten ist sie offen, nach Westen hin wird sie von ein paar Häusern und der Ortsstraße abgegrenzt. Insgesamt aber wird sie überragt von der lilafarbigen Steilfläche des Böhmerwaldes.

Eine Künstlerschar ist hier angetreten – weltweit angereist – wie urzeitlich auf der Wiese beginnend, als würde der Ort neu gebaut. Es ist flammendes Holz, hell und harzig in der Augustsonne! Die Kettensägen rasseln, und weithin klingen die zischenden Axtschläge. Balken und Rundhölzer liegen aufgetürmt am Wiesenhang. Das Wiesengrün ist gefleckt von den weißen Spänen und den roten Rindenstücken. Es ist Pionierzeit, Anfangszeit, Urzeit. So mögen die ersten Zimmerleute begonnen haben. Auf dem ersten Grün der brandgerodeten Flächen. Der Ort Schwarzenberg beginnt von neuem. Aufregung im ganzen Ort. Fast jeder hat daheim einen Künstler eingemeindet. Man braucht nur etwas über eines der Werke sagen, ist schon ein einheimischer Begleiter, der sagt „Meiner“! Die Leute sind stolz darauf. Auf die Kunst und auf die Künstler.

Alle hat sie etwas erfaßt, vom Bürgermeister Ernst Greiner, dem Traktorfahrer Franz Hornath bis zu Ignaz Höfler und Heinrich Neumüller, die täglich den Künstlern halfen. Es ist das Wunder von Schwarzenberg. Ein Wunder des Grenzfalls, daß Aufregung über Fremde und Fremdes nicht umschlägt in Fremdenangst und Fremdenhaß. Manche können sich nur mit Gesten unterhalten. Es ist, als wären die Werke selbst in ihrer Stummheit zu Sprache geworden, als redeten sie mit den Leuten und

WOOD SYMPOSIUM ON THE BORDER – THE MIRACLE OF SCHWARZENBERG

Manzenreiter's Hofwies'n is in the center of town. Its northern boundary is defined by the Adalbert Stifter Gasthof and a bakery, it is open toward the east and the western boundary is marked by a few houses and the main thoroughfare. On the whole, however, it is overshadowed by the purple-hued slope of the Bohemian Woods.

A flock of artists entered here – having made their journey from all over the world – beginning here, as ages ago, in the meadow, as though the town were being built anew. There is flaming wood, bright and full of sap in the August sun! The chainsaws rattle and the ring of axes chopping is heard afar. Beams and logs are piled up on the slope of the meadow. Meadow green is spotted with white wood shavings and red pieces of bark. It is a time of pioneers, a time of new beginnings, a primeval time. The first carpenters may have started this way. On the first green of the planes cleared by fire. The town of Schwarzenberg begins anew. Excitement is everywhere. Nearly everyone has an artist quartered at home. You only need to remark on one of the works, and immediately there is a local guide at hand that says „mine“! People are filled with pride. Proud of the art and proud of the artists.

Something had taken hold of them all, from the mayor, Ernst Greiner, the tractor driver, Franz Hornath, to Ignaz Höfler, who all assisted the artists every day. It was the miracle of Schwarzenberg. A miracle of opening borders that the excitement over strangers and strange things did not turn into xenophobia and fear of the Other. There were some who could only communicate through gestures. It was as though the works themselves had become a language in their dumbness, as though

SYMPOZIUM TVORBY SE DŘEVEM NA HRANICI – ZÁZRAK ZE SCHWARZENBERGU

Uprostřed osady leží loučka náležející k Manzenreiterovu dvorci. Na severu ji ohraničuje hostinec Adalbert Stifter a pekařství, směrem na východ je otevřená, na západě tvoří hranici pár domů a místní silnice. Celkově jí však dominuje nafialovělá strmá plocha Šumavy.

Roj umělců sem dorazil ze všech koutů světa – a jako kdysi začal na louce, jako by stavěl novou vesnici. Planoucí dřevo, světlé a smolnaté v srpnovém slunci! Řetězové pily sviští a do daleka se nese zvuk ostří sekyr. Trámy a kulatiny leží na hromadě na svahu louky. Zeleň trávy je poseta bílými odřezky dřeva a kusy červené kůry. Je to doba pionýrská, počáteční, pravěká. Tak asi začínali první tesaři. Na první zeleni vypálených ploch. Osada Schwarzenberg začíná znovu. V celé vesnici je pozdvižení. Skoro každý ubytoval doma umělce. Stačí jen něco prohodit o některém díle a někdo z domácích řekne „ten je můj“. Lidé jsou na to hrdí. Na umění i na umělce.

Všechy to chytlo, od starosty Ernsta Greinera k traktoristovi Franzi Hornathovi až po Ignaze Höflera, kteří umělcům denně pomáhali. Je to zázrak Schwarzenbergu. Zázrak zmizení hranice, který vzrušení z cizinců a cizího nezvrátí ve strach z cizího a nenávist k cizincům. Někteří se mohou dorozumět jen gesty. Je to jako kdyby se němota děl stala jazykem, jako kdyby díla mluvila s lidmi a jako by si zázrakem najednou všichni rozuměli.

Už před lety jsem se snažil najít pro svou mistrovskou třídu na vysoké umělecké škole odpovídající možnosti pro práci se dřevem. Tehdy bylo všechno ještě velmi improvizovaně umístěno v dílnách. Pro práci s kamenem a kovem jsem našel podporu u hornorakouského

– wie beim Pfingstwunder verstanden plötzlich alle einander. Schon vor Jahren hatte ich mich bemüht, für meine Meisterklasse an der Kunsthochschule entsprechende Möglichkeiten für das Arbeiten mit Holz zu finden. Damals war noch alles in Bastelräumen sehr improvisiert untergebracht. Für das Arbeiten mit Stein und Metall hatte ich bei der oberösterreichischen Wirtschaft Unterstützung gefunden. Wir erhielten die Grundmaterialien und die nötigen Arbeitsflächen.

Bei Holz hingegen schien es aber am schwierigsten zu sein. Viele Sägewerke kämpften ums wirtschaftliche Überleben. Prälat Dipl.-Ing. Florian Pröll vom Stift Schlägl, dem größten Waldbesitzer im Oberen Mühlviertel, wollte ich wegen seines Alters nicht mit den Aufregungen belasten, die ein Symposion mit sich gebracht hätte. Sein Nachfolger als Abt des Stiftes, Mag. Martin Felhofer, war durch die Oberösterreichische Landesausstellung 1992 und die „Kunstmeile Schlägl-Aigen" bereits sehr in Anspruch genommen. Der Künstler Dr. Horst Bernhard, damals Obmann des Kulturringes Schwarzenberg, dachte ebenfalls an ein Projekt für Bildhauer. Das erfuhr ich von ihm, und wir kamen überein, etwas zu tun.

Dann kam Dr. Aldemar Schiffkorn zu mir, schon mit der Erfahrung eines Holzsymposions in Lenora in Tschechien, der mir von seinem Plan eines Bildhauersymposions im Oberen Mühlviertel berichtete. Dreiländersymposien, Symposien an den Grenzen! Grenzaufhebung in der Kunst. Es bedurfte nur mehr der Kontaktherstellung zwischen Schiffkorn und Bernhard – mein einziges Verdienst am Symposion – und die Späne begannen zu fliegen. Gedacht war an ein Symposion mit 12 bis 18 Künstlern.

they could speak to the people – and, like the miracle of Pentecost, suddenly everyone could understand everyone else.

Years ago I had endeavored to find appropriate opportunities for my Master Class at the Art College to work with wood. At that time, everything was still kept in hobby rooms where we had to improvise. I had found support from the Upper Austrian business world for the work with stone and metal. We were given the basic materials and the necessary working space.

With woodworking, though, it seemed to be much more difficult. Many sawmills were struggling themselves for economic survival. Because of his advanced age, I did not want to burden Prelate Dipl.-Ing. Florian Pröll from the Schlägl Monastery, the largest woodland owner in the Upper Mühlviertel, with the flurried activity that would be involved with a symposium. His successor as abbot of the monastery, Mag. Martin Felhofer, was already quite busy with the Upper Austrian Provincial Exhibition 1992 and the „Mile of Art Schlägl-Aigen". The artist Dr. Horst Bernhard, who was chairman of the Culture Ring of Schwarzenberg at that time, was also thinking about a project for sculptors. I heard about that from him, and we agreed to do something

Then Dr. Aldemar Schiffkorn came to me with his experience of a woodworking symposium in Lenora in the Czech Republic, and told me of his plans for a sculptors' symposium in the Upper Mühlviertel. Symposien of three lands, Symposien on the borders! Removing the borders in art. The only thing that was necessary then was to introduce Dr. Schiffkorn and Dr. Bernhard – this was my only signifi-

hospodářství. Dostali jsme základní materiál a potřebné místo pro práci.

Naproti tomu se dřevem se to zdálo být nejkomplikovanější. Mnohé pily zápasily o přežití. Preláta ing. Floriana Prölla z kláštera Schlägl, největšího vlastníka lesů v Horním Mühlviertelu, jsem vzhledem k jeho vysokému věku nechtěl zatěžovat zmatky, které by sympozium s sebou nutně přineslo. Jeho nástupce a opat kláštera mag. Martin Felhofer byl už osloven Hornorakouskou zemskou výstavou 1992 a akcí „Umělecké milníky Schlägl – Aigen". Umělec Dr. Horst Bernhard, tehdy předseda kulturního kruhu Schwarzenberg, uvažoval také o projektu pro sochaře. Dozvěděl jsem se to od něj a dohodli jsme se, že něco podnikneme.

Potom ke mně přišel dr. Aldemar Schiffkorn, už se zkušenostmi z dřevařského sympozia v Lenoře v Čechách, a informoval mě o svém plánu sochařského sympozia v Horním Mühlviertelu. Sympozia tří zemí, sympozia na hranicích! Odstranění hranic v umění. Bylo třeba jen zkontaktovat Schiffkorna a Bernharda – to byla moje jediná zásluha na sympoziu – a věci se daly do pohybu. Bylo plánováno sympozium se 12–18 účastníky.

To, co přišlo jako lavina, se nedalo očekávat ani předvídat. Nakonec se zúčastnilo 70 umělců – z toho 11 z mojí mistrovské třídy. Jak se to zvládlo po organizační a finanční stránce, se dnes už nedá vypátrat. Můžeme jen poděkovat a přičíst to „zázraku ze Schwarzenbergu" a dr. Aldemaru Schiffkornovi.

řád. prof. mag. ERWIN REITER

mistrovská třída sochařství
vysoká škola umění a designu Linz

Was dann wie eine Lawine kam, war nicht vorauszusehen und zu erwarten. Zuletzt waren es an die 70 Teilnehmer – 11 davon aus meiner Meisterklasse. Wie das organisatorisch und finanziell bewältigt wurde, läßt sich heute kaum mehr nachvollziehen. Man kann nur „Danke" sagen und es dem „Wunder von Schwarzenberg" und Dr. Aldemar Schiffkorn zurechnen.

o. Hochschulprofessor
Mag. ERWIN REITER
Meisterklasse für Bildhauerei
an der Hochschule für künstlerische und industrielle Gestaltung in Linz

cant contribution to the symposium – and there was sawdust in the air, the next thing I knew. It was planned as a symposium with 12 to 18 artists.

The avalanche that followed was neither predictable nor expected. In the end, there were about 70 participants – 11 of them were from my Master Class. How it was possible to organizationally and financially cope with this is hardly comprehensible today. One can only say „thank you" and credit it to the „miracle of Schwarzenberg" and Dr. Aldemar Schiffkorn.

Professor
Mag. ERWIN REITER
Master Class for Sculpture
at the College for Artistic and Industrial Design in Linz

„GRENZGÄNGER“ DIE TRIENNALE DER BILDHAUER

Die Geschichte

Der Grundstein zu den heute so herzlichen Kulturbeziehungen zu unserem nördlichen Nachbarland wurde unmittelbar nach der Samtenen Revolution mit der Ausstellung „Grenzgänger“ im Oktober 1990 gelegt – auf Vermittlung der Österreichischen Botschaft in Prag und des in Österreich lebenden tschechischen Künstlers Zdenek Macku. Zur Eröffnung in die Galerie Blauer Pavillon kamen über 500 Gäste. Es war dies die erste große Präsentation zeitgenössischer Kunst aus Österreich in der ehemaligen CSFR. Dazu hatte ich acht Vertreter jener Künstlergeneration eingeladen, die mit der Realität des Eisernen Vorhanges aufgewachsen war.

Die „Grenzgänger“ wanderten dann im November nach Pilsen. Dort wurde mit dieser Ausstellung die Neue Galerie der Stadt feierlich eröffnet. Die Kulturverantwortlichen der Stadt, Anna Kocourkova, Dr. Tomas Kus und Jana Zemanova, organisierten ein Jahr später das 1. Bildhauersymposion in Lenora (Eleonorenhain), dem Ort, wo die Warme Moldau entspringt. Die Anregung dazu ging von der in Frankreich lebenden tschechischen Künstlerin Eva Roucka aus.

Dieses Symposion war geprägt durch den kurz zuvor erfolgten Abbruch des Eisernen Vorhanges und das Gefühl der neu errungenen Freiheit.

Die hermetisch geschlossenen Grenzen im Norden und im Osten hatten auch der künstlerischen Begegnung Grenzen gesetzt. Eine ganze Generation von Künstlern fand kaum Möglichkeit zu grenzüberschreitendem Gedankenaustausch. Keiner konnte sich der starken positiven Gefühle entziehen, die uns alle erfaßten. Dieses erste Bildhauersymposion

„BORDER CROSSINGS“ THE SCULPTORS' TRIENNIAL

The Background

The foundation for the cultural relationship with our northern neighbors was laid immediately following the Velvet Revolution with the exhibition „Border Crossings“ in October 1990 through the efforts of Zdenek Macku and the Austrian Embassy in Prague. Over 500 guests came to the opening of the exhibition in the Blue Pavillion Gallery. This was the first large presentation of Austrian contemporary art in the former CSFR. I had invited eight representatives of the generation of artists who had grown up with the reality of the Iron Curtain to participate.

„Border Crossings“ travelled on to Pilsen then in November. The city's New Gallery was ceremoniously opened there with this exhibition. A year later, Anna Kocourkova, Dr. Tomas Kus and Jana Zemanova, who were responsible for cultural activities in Pilsen, organized the first sculptors' symposium in Lenora (Eleonorenhain), where the warm Moldau has its source. The impulse for this originated with the Czech artist Eva Roucka, who lives in France.

This symposium was marked by the recent opening of the Iron Curtain and a feeling of newly achieved freedom.

The hermetically sealed borders to the north had also set limits to artistic encounters. An entire generation of artists had had little or no opportunity to exchange ideas across borders. No one was able to remain untouched by the strong, positive emotion that we all felt. This first sculptors' symposium strengthend for all the participants the feeling of having found lost or forgotten friends again. Even at this first meeting of 30 sculptors, there were eight sculptors from Upper Austria.

„GRENZGÄNGER“ TRIENÁLE SOCHAŘŮ

Retrospektiva

Základ k dnes tak srdečným vztahům k našemu severnímu sousedovi položila bezprostředně po „sametové revoluci“ výstava „Grenzgänger“ v říjnu 1990, iniciovaná vyslanectvím Rakouska v Praze a českým umělcem žijícím v Rakousku Zdeňkem Macků. Na vernisáž do galerie Modrý pavilon přišlo přes 500 návštěvníků. Byla to první velká prezentace současného umění Rakouska v bývalé ČSFR. Bylo také pozváno osm představitelů oné generace umělců, která vyrůstala v realitě železné opony.

„Grenzgänger“ se potom v listopadu přestěhovali do Plzně. Tam byla touto výstavou slavnostně otevřena „Nová galerie“ města. Kulturní představitelé města Anna Kocourková, dr. Tomáš Kůs a Jana Zemanová zorganizovali o rok později 1. sochařské sympozium v Lenoře, v obci, kde pramení Teplá Vltava. Podnět k uspořádání sympozia vyšel od české umělkyně žijící ve Francii Evy Roucké.

Toto sympozium bylo ve znamení právě uskutečněného pádu železné opony a nově nabyté svobody.

Hermeticky uzavřené hranice na severu a na východě omezovaly i setkání umělců. Celá jedna generace umělců měla sotva kdy možnost překročit hranice při výměně názorů. Nikdo z nás se nemohl ubránit silným pozitivním pocitům, které nás všechny zachvacovaly.

Toto první sochařské sympozium upevnilo v účastnících pocit, že našli ztracené nebo zapomenuté přátele.
Už při tomto prvním setkání bylo ze 30 účastníků 8 z Horního Rakouska.

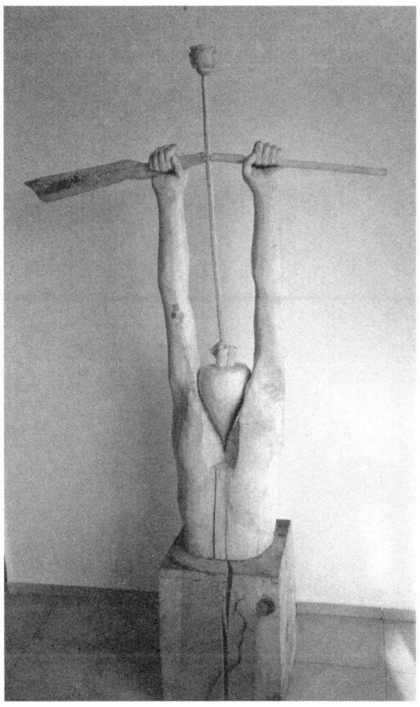

Jorge Nunes Ramos

Die Abb. zu diesem Aufsatz zeigen Arbeiten, die 1991 in Lenora entstanden und 1992 in Schwarzenberg ausgestellt worden sind.

Georg Stifter, Vojtech Hurta

Eole

Pavel Charousek

festigte in den Teilnehmern das Empfinden, verlorene oder vergessene Freunde wiedergefunden zu haben. Schon bei dieser ersten Begegnung von 30 Bildhauern stellte Oberösterreich 8 Teilnehmer.

Während des Symposions in Lenora, an dem sich das Büro für kulturelle Auslandsbeziehungen des Landes Oberösterreich als Mitveranstalter beteiligte, schlug ich – getragen von der nachrevolutionären Aufbruchsstimmung – meinen tschechischen Freunden vor, das Bildhauersymposion im Grenzraum abwechselnd in Böhmen und in Oberösterreich zu veranstalten, um es auf eine breitere Basis zu stellen. Es sollte im Böhmerwald der traditionsreichen, nun wiederentdeckten Kulturlandschaft Europas, seine Wurzeln schlagen.

Im Sommer 1992 lud das Land Oberösterreich zum 2. Symposion nach Schwarzenberg am Böhmerwald ein. Es stand unter der Patronanz der Arbeitsgemeinschaft Alpen-Adria und der Arbeitsgemeinschaft der Donauländer. An die 70 Künstler aus 17 Ländern sollten unserer Einladung folgen. Es gab noch nie vorher ein Bildhauersymposion mit so vielen Teilnehmern. Fürst Karl zu Schwarzenberg hatte persönlich den Ehrenschutz übernommen.

Warum fiel die Wahl auf das kleine Schwarzenberg, den nördlichsten Ort im Oberen Mühlviertel?

Er liegt als einziger an drei Staatsgrenzen, in einem landschaftlich reizvollen Gebiet – an der ehemals toten Grenze. Der Eiserne Vorhang hatte die gesamte Region Jahrzehnte hindurch wirtschaftlich benachteiligt. An diesem Ort bedeutet „Grenze" konkrete Lebenserfahrung der Menschen – auch im Sinne des Dialogs zwischen

During this symposium in Lenora, which the Office for Cultural Foreign Relations of the Province of Upper Austria cosponsored, I was moved by the post-revolutionary spirit of embarkment, and proposed to my Czech friends that the sculptors' symposium should be held alternately in Bohemia and in Upper Austria to give it a broader base. It should thus become rooted in the Bohemian Woods, a European cultural scene rich in tradition and now being rediscovered.

In the Summer of 1992, the Province of Upper Austria hosted the second symposium in Schwarzenberg by the Bohemian Woods. This symposium was under the patronage of the Alpen-Adria Group and the Danube States Group. There were about 70 sculptors/ artists from seventeen different countries who came to Schwarzenberg to take part. Never before had there been a sculptors' symposium with so many participants. Prince Karl zu Schwarzenberg personally was patron of honor.

Why was the little town of Schwarzenberg, the northernmost place in the Upper Mühlviertel, chosen?

It is the only place close to the borders of three countries and is set in an area of beautiful landscape – on the formerly „dead" border. The Iron Curtain had caused economic disadvantage to the entire region for decades. In this place, „border" signifies the concrete life experience of the people who live here – also in the sense of an exchange between openness and boundary lines.This must be, I thought, just the right place for „Border Crossings" which carry innovation and thus enrichment and diversity.

In 1993 my wish to organize the symposium in Bavaria was

V průběhu sympozia v Lenoře, na němž se středisko pro kulturní vztahy se zahraničím podílelo jako spolupořadatel, jsem – stržen porevoluční náladou – navrhl svým českým přátelům pořádat sochařské sympozium v hraniční oblasti střídavě v Čechách a v Horním Rakousku, aby mohla být vytvořena širší základna. Sympozium mělo zapustit kořeny na Šumavě, v tradiční, nově objevené kulturní oblasti Evropy.

V létě 1992 uspořádala spolková země Horní Rakousko 2. sympozium ve Schwarzenbergu na úpatí Šumavy. Konalo se pod patronací pracovního společenství Alpen-Adria a pracovního společenství dunajských zemí. Bylo pozváno 70 umělců ze 17 zemí. Do té doby se ještě nikdy nekonalo sochařské sympozium s tolika učastníky. Kníže Karel Schwarzenberg osobně převzal čestný patronát.

Proč padla volba právě na malou osadu Schwarzenberg, nejsevernější místo Horního Mühlviertelu?

Jako jediné leží na hranici tří států v krásné krajinné oblasti – na kdysi mrtvé hranici. Železná opona tuto oblast celá desetiletí hospodářsky opomíjela. Tady znamenalo slovo „hranice" konkrétní životní prožitek lidí – i ve smyslu dialogu otevřenosti a uzavřenosti.

Právě tam, myslel jsem si, je místo pro „Grenzgänger", kteří s sebou přinesou něco nového, obohacení a různorodost.

V roce 1993 se splnilo moje přání uspořádat sympozium v Bavorsku. Konalo se za naší účasti v hraniční obci Haidmühle, v místě, kde pramení Studená Vltava.

Offenheit und Abgrenzung. Gerade dort, so dachte ich, müßte ein guter Ort für „Grenzgänger" sein, die auch Neues, also Bereicherung und Vielfalt mitbringen.

1993 erfüllte sich mein Wunsch, das Symposion auch in Bayern zu veranstalten. Es fand mit unserer Beteiligung in der Grenzgemeinde Haidmühle statt, an dem Ort, wo die Kalte Moldau entspringt.

So gelang es, die drei Nachbarländer Böhmen, Bayern und Oberösterreich in dieses innovative, internationale Kunstprojekt einzubeziehen – die „Triennale der Bildhauer im Grenzraum" war geglückt.

1994 trafen sich die Bildhauer zum zweiten Mal in Lenora – zum 4. Internationalen Bildhauersymposion. Schwarzenberg bereitet sich zur Zeit auf das 5. Symposion im Jahre 1995 vor.

<u>Das Konzept</u>

1. Internationales Kunstereignis

Es findet jedes Jahr für zwei Wochen abwechselnd in den Grenzregionen von Böhmen, Bayern und Oberösterreich statt.
Das notwendige Ausgangsmaterial Holz ist in den großen Waldgebieten des Grenzlandes ausreichend vorhanden. Künstler aus aller Welt lernen einander kennen, es entsteht zwischen ihnen ein tragfähiges Netzwerk, das Grundlage für zahlreiche weitere Projekte sein wird. Die Symposionsteilnehmer werden zu positiven Meinungsbildnern für Österreich im Ausland.

2. Integration der (Orts)Bevölkerung

Um die Schwarzenberger ganz in das Geschehen einzubezie-

granted as well. With support from us, it took place in the border community of Haidmühle, in the place where the cold Moldau has its source.

In this way, it was possible to involve the three neighboring countries of Bohemia, Bavaria and Upper Austria in this innovative, international art project – the „Triennial of Sculptors in the Border Region" became a success.

The sculptors met in 1994 for a second time in Lenora for the Fourth International Sculptors' Symposium. Schwarzenberg is currently preparing for the fifth symposium to be held in 1995.

<u>The Concept</u>

1. International Art Event

It takes place alternately in the border regions of Bohemia, Bavaria and Upper Austria every year for two weeks.
Wood, the necessary basic material, is sufficiently available from the extensive woodlands of the border region. Artists from all over the world have a chance to get to know one another; a firm network is built up among the artists, which provides a basis for numerous further projects. The symposium participants become ambassadors of good will for Austria abroad.

2. Integration of the (local) population

In order to involve the people of Schwarzenberg actively in the event, there was extensive information about the project beforehand.

In order to present an idea of the kinds of work that could be done at the symposium, a „sculptors' path" was installed as a preliminary project on

Tak se podařilo zapojit tři sousední země – Čechy, Bavorsko a Horní Rakousko – do tohoto inovačního mezinárodního uměleckého projektu: trienále sochařů v příhraniční oblasti se zdařilo.

V roce 1994 se sochaři sešli podruhé v Lenoře na 4. mezinárodním sochařském sympoziu. Schwarzenberg se v současné době připravuje na 5. sympozium, které se bude konat v roce 1995.

<u>Koncept</u>

1. Mezinárodní umělecká událost

Koná se každoročně dva týdny střídavě v příhraniční oblasti Čech, Bavorska a Horního Rakouska.
Nutný výchozí materiál – dřevo – je v rozsáhlých příhraničních lesnatých oblastech k dispozici v dostatečném množství. Umělci z celého světa se poznají a vznikne tak propojenost, která může být základem četných dalších projektů. Účastníci sympozia šíří dobré jméno Rakouska v zahraničí.

2. Integrace mísního obyvatelstva

O projektu byly podány podrobné informace, aby obyvatelé Schwarzenbergu byli vtaženi do dění.
Aby bylo možno utvořit představu o tom, jaká díla by mohla při schwarzenbergském sympoziu vzniknout, byla za účelem předběžné informace instalována na Kirchenbergu od června do září 1992 „Cesta skulptur", kde bylo vystaveno 33 objektů vzniklých rok předtím v Lenoře.
Byla připravena průvodní písemná informace ve formě

Paco

Hans Heis

Heidi Leitner

Michael Bilek

hen, wurde umfassend über das Projekt informiert. Um die Vorstellung zu vermitteln, welche Werke beim Schwarzenberger Symposion entstehen könnten, wurde als Vorinformation der „Skulpturenweg" am Kirchenberg von Juni bis September 1992 mit den 33 in Lenora im Vorjahr entstandenen Skulpturen errichtet.
Dazu lag eine begleitende schriftliche Information in Form von Führungsblättern bereit. Besonders wurde auf die zu erwartende Frage „Was soll das darstellen?", die Frage nach Abbild oder Bild, Gegenständlichem oder Nichtgegenständlichem eingegangen. Die Betrachter waren eingeladen, selbst nach eigenem Empfinden Namen für die Bildwerke zu finden. Für Gesprächsstoff war im Ort gesorgt.

Bei allen Grenzgänger-Projekten geht es auch darum, die Grenzen im eigenen Kopf oder im Herzen zu überschreiten: die der Begrenztheit, Ängstlichkeit, Kleinmütigkeit, Selbstbeschränkung und Angst vor dem „Fremden" ...

Ermutigung, Neugierde auf das Fremde, das Einander-Begegnen-Wollen, Offenheit und Toleranz, ja auch die Bereitschaft, Neues zu wagen, werden vermittelt.

Das sind die wirksamsten Mittel gegen Chauvinismus, Xenophobie, Intoleranz, neuen Nationalismus und Fremdenhaß, die sich wieder bemerkbar machen.

Die meisten Künstler wohnten bei Schwarzenberger Familien. Bald gewannen sie den Respekt der Ortsbewohner wegen ihres Fleißes bei größter Hitze, aber auch bei strömendem Regen, und weil die meisten recht gute Kenntnisse der Holzbearbeitung hatten. Künstlerische Arbeit ist auch Handarbeit.
Die Schwarzenberger, die Feri-

Kirchenberg with 33 sculptures that were done the previous year in Lenora.
Written information in the form of leaflet guides was prepared to accompany the project. The expected question, „What is it supposed to be?" - the question of replication or image, representational or non-representational - was treated with special care. The viewers were invited to find a name for the works themselves, according to their own feelings about the works. The people in town certainly had enough to discuss.

Crossing borders, overcoming boundaries are also central themes in each Border Crossings project: the boundary lines of narrowness, fearfulness, timidity, self-limitation, and fear of the „strange" ...

Qualities of encouragement, curiosity about that which is „strange", the desire to enter into an encounter with others, openness and tolerance, even the willingness to dare new things - this is what is being communicated.

These are the most effective measures against chauvinism, xenophobia, intolerance, new nationalisms and anti-foreigner attitudes, which are becoming apparent again.

Most of the artists had accommodations with families from Schwarzenberg. They soon earned the respect of the local population because of their diligence not only in the worst heat of the summer, but also in the pouring rain, as well. They were also respected for their work, because most of the local people know quite a bit about woodworking. Artistic work is also handicraft. The people from Schwarzenberg, the summer guests and the children were not only an observing audience in the sympo-

letáků. Zvláště jsme se zaměřili na očekávanou otázku „Co to má představovat?", na rozlišení konkrétního a abstraktního a na umělcův vztah k realitě.

Při všech projektech „Grenzgänger" jde také o to, překročit hranice ve vlastní hlavě nebo v srdci: omezenost, úzkostlivost, obavy, uzavírání se v sobě, strach před „cizím"...

Povzbuzení, zvídavost vůči novému, chuť se setkávat, otevřenost a tolerance a připravenost pustit se do něčeho nového, to vše je předáváno dál. To jsou účinné prostředky proti šovinismu, xenofobii, intoleranci, neonacionalismu a nenávisti vůči cizincům, s nimiž se nyní znovu setkáváme.

Většina umělců bydlela ve Schwarzenbergu v rodinách. Brzy získali respekt domorodců díky své pilné práci jak v největším horku, tak i v lijáku, a díky tomu, že většina z nich měla velmi dobré znalosti zpracování dřeva. Umělecká práce je také práce rukou. Obyvatelé Schwarzenbergu, prázdninoví hosté a děti nebyli jen diváky a pozorovateli sympozia, ale sami pomáhali, stali se spolutvůrci.

Společná práce přes den a společná posezení večer je navzájem sblížily. Hodně se mluvilo o umění. Obyvatelé Schwarzenbergu ještě nikdy nebyli pohromadě s občany tolika zemí. Nebyly žádné problémy s dorozuměním, každý tlumočil pro každého. I spontánně vzniklá báseň v nářečí od schwarzenbergského občana Kurta Seila svědčí o zdařilé komunikaci.
Z tohoto důvodu byla báseň, stejně jako osobní dojmy schwarzenbergského autora Waltera Ummingera „Poznámky k sympoziu", zařazena do katalogu.

engäste und die Kinder waren nicht nur Zuseher und Beobachter auf der Symposionswiese, sie halfen mit, sie wurden zu Mitwirkenden.

Gemeinsames Arbeiten tagsüber und gemeinsames Feiern an den Abenden brachte alle einander näher. Es gab viele Gespräche über Kunst. Die Schwarzenberger waren vorher noch nie mit Bürgern so vieler Länder beisammen gewesen. Es gab keine Verständigungsprobleme, jeder dolmetschte für einen anderen. Auch das spontan verfaßte Mundartgedicht des Schwarzenbergers Kurt Seil zeugt von dieser geglückten Kommunikation. Aus diesem Grund fand es, so wie die subjektiven Impressionen des in Schwarzenberg lebenden Autors Walter Umminger „Notizen über ein Symposion", Aufnahme in den Katalog. Einzelne Passagen werden im künstlerischen Teil zitiert, der gesamte Text ist im Dokumententeil nachzulesen.

Viele Schwarzenberger fuhren in den folgenden Jahren zu den Symposien nach Haidmühle und Lenora, um dort „ihre" Künstler wiederzutreffen.

3. Aufwertung der Grenzregion zu einer europäischen Kunstregion

Diese alte europäische Kulturlandschaft war über vier Jahrzehnte durch den Eisernen Vorhang zerschnitten. Besonders das Land und seine Menschen litten darunter. Diese Region verdient nach wie vor besondere Beachtung.

° *Steigerung des Bekanntheitsgrades*

durch das Kunstereignis/Symposion selbst,

durch den Verbleib der Kunstwerke am Ort und deren per-

sium meadow, but also helpers; they became participants in their way.

Working together during the day and celebrating together in the evenings brought everyone closer together. There were many discussions about art. The people of Schwarzenberg had never before mingled with citizens from so many different countries. There were no problems with communication, everyone translated a bit for someone else. Kurt Seil from Schwarzenberg composed a spontaneous dialect poem that also bears witness to the success of communication. For this reason, it was included in the catalogue along with „Notes on a Symposium", the subjective impressions of the writer Walter Umminger, who lives in Schwarzenberg. Passages from this text are quoted in the catalogue section on art, the complete text may be found in the documentation section.

In the following years, many people from Schwarzenberg travelled to the symposien in Haidmühle and in Lenora in order to see „their" artists again.

3. The enhancement of the border region as a European fine arts region

This old European cultural scene was cut up by the Iron Curtain for four decades. Particularly the countryside and its people suffered from it. This region has earned and continues to earn special consideration.

° *Increased Public Attention*

through the fine arts event / symposium itself,

through the art works remaining on location and being per-

Mnozí z obyvatel Schwarzenbergu přijeli v následujících letech na sympozia do Haidmühle a do Lenory, aby se tam setkali se „svými" umělci.

3. Proměna hraniční oblasti v evropskou uměleckou oblast

Tato stará evropská umělecká oblast byla po čtyři desetiletí rozdělena železnou oponou. Zvláště země a jeji lidé tím trpěli. Tato oblast zasluhuje neustále zvláštní pozornost.

° *Rozšíření okruhu známosti*

prostřednictvím kulturní události/sympozia samotného,

tím, že umělecká díla zůstala na místě a jsou tam permanentně prezentována v parku skulptur,

pravidelným opakováním sympozia každé tři roky.

° *Získání nových hostů – kulturní turismus*

Hosté přijíždějí jak během sympozia, aby sledovali umělce při práci, tak i proto, aby si prohlédli vystavené skulptury. Děje se to formou „šetrného" turismu, který nevyžaduje ani velké stavební zásahy, ani velké investice.

Schwarzenberg se tak stává místem umění a může se stát rakouským sochařským centrem.

Pozitivní důsledky takové podpory regionu mohou vést ke zlepšení struktury, aniž by musely být prováděny bolestivé zásahy do infrasturktury místa jako např. vybudování dopravní sítě, zásahy do územního plánování a větší stavební úpravy.

Dr. ALDEMAR SCHIFFKORN

centrum pro kulturní vztahy se zahraničím spolkové země Horní Rakousko

Peter Strassner

Eva Roucka

manente Präsentation im Skulpturenpark,

durch die periodische Wiederkehr des Symposions alle drei Jahre.

° Gewinnen neuer Gäste – Kulturtourismus

Gäste kommen sowohl während des Symposions, um den Künstlern bei der Arbeit zuzusehen wie auch um den Skulpturenpark zu besuchen.
Dies geschieht in Form eines „sanften" Tourismus, der weder Großbauvorhaben noch Großinvestitionen erfordert.

Schwarzenberg wird so zum Kunstort und kann zum Bildhauerort Österreichs werden. Die positiven Folgen dieser Regionalförderung können zu einer sanften Strukturverbesserung führen – ohne schmerzende Eingriffe in die Infrastruktur des Ortes wie Verkehrsbauten, Flächenumwidmungen und größere Hochbauvorhaben.

Dr. ALDEMAR SCHIFFKORN
Büro für kulturelle Auslandsbeziehungen des Landes Oberösterreich

manently presented in the sculpture park,

through the periodic return of the symposium every three years.

° Attracting New Guests – Culture Tourism

Guests come both during the symposium to watch the artists at work and also to visit the sculpture park.
This takes place in the form of „gentle" tourism, requiring neither extensive construction work, nor heavy investment.

Schwarzenberg is thus becoming a location for fine arts and can become the sculpture location of Austria.
The positive effects of this regional subsidization may lead to a gentle structural improvement – without painful interference in the infrastructure of the town, such as traffic related construction work, rededication of real estate and extensive construction activity.

Dr. ALDEMAR SCHIFFKORN
Office for International Cultural Relations for the Province of Upper Austria

GRENZGÄNGER

INTERNATIONALES BILDHAUERSYMPOSION SCHWARZENBERG 1992

INTERNATIONAL SCULPTORS' SYMPOSIUM SCHWARZENBERG 1992

MEZINÁRODNÍ SOCHAŘSKÉ SYMPOZIUM SCHWARZENBERG 1992

mit Texten von Walter Umminger

SCHWARZENBERG AM BÖHMERWALD, ÖSTERREICH
22.8. - 6.9.1992

PILAR ALDANA-MENDEZ

geboren 1963 in Bogota (Kolumbien), lebt seit 1985 in Spanien, 1986-92 Studium der Bildhauerkunst in Spanien (Barcelona, Zaragoza und Reus) und Frankreich (Montpellier), 1980-85 Malereistudium in den USA (Betonville/Arkansas) und in Kolumbien (Bogota), 1982-85 Studium von Kunstgeschichte und Literatur in Kolumbien (Bogota) und in Spanien (Toledo), Teilnahme an zahlreichen Ausstellungen und Symposien in Japan, Spanien, Österreich, Frankreich, England und Andorra, mehrere Auszeichnungen und Stipendien.

Öffentliche Arbeiten:
VAM, „Prat del Bou" Platz, Encamp, Andorra; EVOLUTION, Stadtplatz, Lourmarin, Frankreich; EPHIMERUS, „La Mer des Rochers", Sauve, Frankreich; BRIDGE TO HEAVEN, – im Wald –, Schwarzenberg, Österreich; WIND, Black Marble Cave, Calatorao, Spanien.

Letzte Ausstellungen:
1992 Suntory Preisausstellung '92, Suntory Kunstmuseum (Tokyo, Japan); XII Bienal del Tajo (Rathaus, Toledo, Spanien); 2. Internationales Bildhauersymposion (Schwarzenberg, Österreich); 2. Freiluftfest – Zeitgenössische Kunst (La Mer Des Rochers – Das Meer der Steine, Sauve, Frankreich); Ausstellung von Postkunst (Open Space, Reading, England); Bildhauerei im Raum (Rathauspalast, Tarragona, Spanien); „PIEDRAS" (Steine), Einzelausstellung (Lola Anglada Galerie, Barcelona, Spanien); III. Nationale Bildhauerhalle (Gandia, Spanien); V. Freiluftbildhauerwettbewerb (Burriana, Spanien); Jahresausstellung – Catalonische Bildhauervereinigung (Barcelona, Spanien)
1993 7. Internationales Bildhauersymposium „Nantopietra 93" (Nanto, Italien); Internationales Bildhauersymposium „Souterre D'Ici" (Carriere Aubigny, Yonne, Frankreich); „Les Oubliées D'Avignon" Bildhauerwettbewerb (Avignon, Frankreich), Auswahl 1992, Ausstellung 1993; VI. Freiluftbildhauerwettbewerb (Burriana, Spanien); Jahresausstellung – Catalonische Bildhauervereinigung (Barcelona, Spanien).

Born in 1963, in Bogota (Columbia). Has been living since 1985 in Spain. 1986-92 studied sculpture in Spain (Barcelona, Zaragoza and Reus) and France (Montpellier), 1980-85 studied painting in the USA (Betonville/Arkansas) and in Columbia (Bogota) and in Spain (Toledo). Took part in numerous exhibitions and symposiums in Japan, Spain, Austria, France, England and Andorra. Several awards and grants.

Public works:
VAM, „Prat del Bou" Square, Encamp, Andorra; EVOLUTION, Town Square, Leurmarin, France; EPHIMERUS, „La Mer des Rochers", Sauve, France; BRIDGE TO HEAVEN - in the forest - Schwarzenberg, Austria; WIND, Black Marble Cave, Calatorao, Spain.

Narozena 1963 v Bogotě (Kolumbie), od roku 1985 žije ve Španělsku, 1986–92 studium sochařstvi ve Španělsku (Barcelona, Zaragoza a Reus) a ve Francii (Montpellier), 1980–85 studium malířství v USA (Betonville/Arkansas) a v Kolumbii (Bogota), 1982–85 studium dějin uměni a literatury v Kolumbii (Bogota) a ve Španělsku (Toledo). Účast na četných výstavách a sympoziích v Japonsku, Španělsku, Rakousku, ve Francii, Anglii a v Andoře, několik ocenění a stipendií.

Díla na veřejných prostranstvích:
VAM, „Prat del Bou", na náměstí v Encampu, Andora, EVOLUCE, městské náměstí, Lourmarin, Francie; EPHIMERUS, „La Mer des Rochers", Sauve, Francie; BRIDGE TO HEAVEN, – v lese, Schwarzenberg, Rakousko; WIND, Black Marble Cave, Calatorao, Španělsko.

Bridge to Heaven

Die Phantasie überfordert Pilars noch unfertiges Ensemble aus Baumstamm, Balken, eisernen Verstrebungen, das noch in einem Steinhaufen verankert werden soll. Pilar stammt aus Barcelona, der Stadt eines Gaudi, Dali und Miró. Was von dorther kommt, übersteigt jede unbefangene Vorstellungskraft.

Apartado Correos 5341
08080 Barcelona
Spanien

JOHN D. ANTONE

My Other

New Border

America

6509 Rutland Place
Falls Church, VA 22044
USA

geboren 1950, 1970-74 Studien an der Virginia Commonwealth University Richmond (VA), Abschluß als B.F.A., 1973 National Honors Program, Rhode Island School of Design, Rom (Italien), 1975 am California Institute of the Arts, Valencia, CA. bei John Baldessari, 1976-78 an der University of Wisconsin, Madison, Abteilung Bildhauerei bei Deborah Butterfield, Abschluß als M.A. und M.F.A. Seit 1989 Programmdirektor der Washington Sculptors Group, Washington, D.C. Inhaber zahlreicher Preise und Auszeichnungen, seit 1979 Lehr- und Vortragstätigkeit als Assistenzprofessor und Dozent im Virginia Community College, Alexandria (VA) und in der National Gallery of Art, Washington, D.C. Seit 1985 Gestaltung zahlreicher Bühnenbilder am Theater in Washington D.C., New York, Philadelphia, Alexandria und Calcutta/Indien, als Gast am Internationalen Theaterinstitut der UNESCO. Seit 1986 zahlreiche Publikationen, ab 1985 reiche Ausstellungstätigkeit in Privatgalerien und Kunstmuseen in den USA und in Indien.

Letzte Ausstellungen:
1992 „Connections: Gender and Relationships", Maryland Art Place; „Honors Exhibition: John Antone", Target Gallery-Torpedo Factory; „Functional Art and Performance", Sawhill Gallery-James Madison University; Sculpture Exhibition, Garden of the Museum of the Americas, Washington D.C.; Organization of American States „Arts America Program", American Culture Specialist, USIS, Calcutta (India); Sculpture Exhibition - Aquatic Garden oft the National Arboretum.
1993 „John Antone: Performance and Sculpture", Ellipse Art Center; „Functional Art", Franz Bader Gallery, Washington D.C.; „Performance Event: Doll's House Starring Ken and Barbie", Washington Project for the Arts.

Born in 1950.
From 1970-74 studied at the Virginia Commonwealth University Richmond (VA). Graduated as B.F.A.
1973 National Honors Program, Rhode Island School of Design Rome, Italy,
1975 at the California Institute of Arts, Valencia CA., under John Baldessari,
1976-78 at the University of Wisconsin, Madison, Department of Sculpture under Deborah Butterfield. Graduated as M.A. and M.F.A.
Since 1989, program director of the Washington Sculptors Group, Washington, D.C..
Received numerous prizes and awards.
Since 1979, teacher and lecturer at the Virginia Community College, Alexandria (VA), and in the National Gallery of Art, Washington, D.C..
Since 1985, designed a number of scenaries at the theatre in Washington D.C., New York, Philadelphia, Alexandria, and Calcutta/India, as guest at the UNESCO International Theatre Institute.
Since 1986 numerous publications.
As from 1985, numerous exhibitions in private galleries and art museums in the USA and in India.

Narozen 1950, 1970–74 studium na Virginia Commonwealth University v Richmondu (VA), absolutorium jako B.F.A., 1973 National Honors Program, Rhode Island School of Design, Řím (Itálie).
1975 na California Institute of the Arts, Valencia, CA, u Johna Baldessariho, 1976–78 univerzita Wisconsin, Madison, třída sochařství u Deborah Butterfield. Absolutorium jako M.A. a M.F.A.
Od r. 1989 programový ředitel Sculptors Group ve Washingtonu, D.C. Držitel četných cen a vyznamenání.
Od r. 1979 učitelská a přednášková činnost jako asistující profesor a docent ve Virginia Community College, Alexandria (VA) a v National Gallery of Art ve Washingtonu, D.C.
Od r. 1985 početné návrhy scén pro divadla ve Washingtonu, D.C., v New Yorku, Philadelphii, Alexandrii a v Kalkatě (Indie); jako host v Mezinárodním divadelním institutu UNESCO.
Od roku 1986 rozsáhlá publikační činnost.
Od r. 1985 jsou četná díla vystavena v soukromých galeriích a uměleckých muzejích v USA a v Indii.

John aus Massachusetts sägt aus einem massiven Stamm nur wenige große Stücke heraus. Und schon steht ein Torso da, von dem Rilke wahrscheinlich, wie vor jenem Apolls, nicht gesagt hätte: „Du mußt dein Leben ändern!" Ändern muß der Betrachter jedoch zumindest seine Sehweise. Der Torso hat einen nicht aufgesetzten, sondern ebenfalls herausgeschnittenen Kopf. Er ist viereckig. Ein kantiger Schädel sozusagen. Passend zu einem kantigen Körper, der entstand, ohne daß der Künstler unmittelbar seine bildende Hand anlegte. Das muß John selbst als ein kleines Manko erschienen sein. So modellierte er eine Hand, beinahe „naturgetreu". Die bringt er aber nicht dort an, wo Hände gemeinhin zu finden sind, sondern überraschenderweise auf dem Kopf seiner vierschrötigen Figur. Es könnten sogar, was diese ungewohnte Plazierung bekräftigen würde, zwei Hände, und zwar gefaltete, betende Hände sein. John schrak davor zurück, ein Monument der Unmenschlichkeit zu schaffen. Doch am nächsten Tag ist die Hand verschwunden.

CHRISTINE AUMÜLLER

geboren 1963 in Bad Tölz, Deutschland
November 1983 bis Mai 1985 Studium der Kunstgeschichte an der Universität München
seit Oktober 1988 Studium an der Kunsthochschule Linz, Österreich, Meisterklasse Bildhauerei
April 1989 Gips-Symposium in Riedersbach, Österreich
Sommer 90/91 Steinsymposium in Mauthausen, Österreich
Juni 1991 Ausstellungsbeteiligung temporäre Galerie, Kaarstraße Linz
13.-18. Juli 1992, Teilnahme an der Euregionalen Sommerakademie, Ludwig-Forum Aachen, Deutschland, Workshop Bildende Kunst.

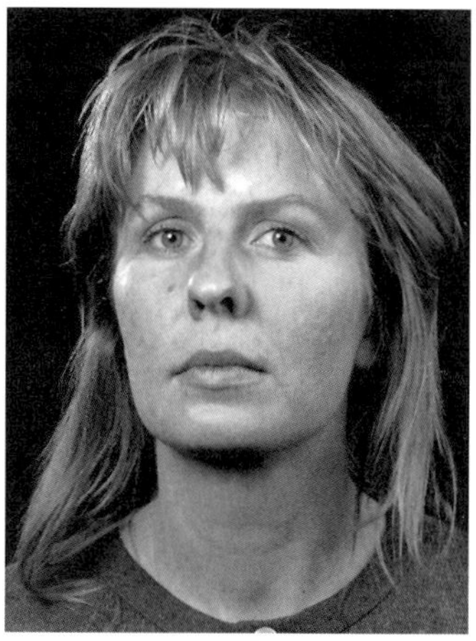

Born in 1963, in Bad Tölz, Germany
November 1983 to May 1985, studied history of art at the University of Munich.
Since October 1988, studied at the Art College in Linz, Austria, Master Class - Sculpture.

Narozena 1963 v Bad Tölz, Německo.
Listopad 1983 – květen 1985 studium dějin umění na univerzitě v Mnichově.
Od října 1988 studium na vysoké umělecké škole v Linci, Rakousko, mistrovská třída sochařství.

Lenggrieserstraße 35
83646 Bad Tölz
Deutschland

OTO BACHORÍK

geboren 1959 in Bratislava
1974-78 Kunstschule, Studium an der Akademie für Bildende Kunst in Bratislava, 1984 Diplom
1985-89 Lehrer an der Abteilung für Bildhauerkunst der Kunstschule Bratislava, Arbeiten in Klein- und Monumentalkunst in Stein, Bronze und Holz.

Seit 1984 Teilnahme an diversen Symposien, an Gemeinschafts- und Einzelausstellungen im In- und Ausland.

Narozen 1959 v Bratislavě
1974–78 navštěvoval uměleckou školu. Studium na Akademii výtvarného umění v Bratislavě, absolvoval 1984.
1985–89 učitel v oddělení sochařství na umělecké škole v Bratislavě. Menší i monumentální práce v kameni, bronzu a dřevě.

Od r. 1984 účast na různých sympoziích a na společných i samostatných výstavách doma i v zahraničí.

Born in 1959, in Bratislava
1974-78 art school. Studied at the Academy of Graphic Arts in Bratislava. 1984 diploma.
1985-89 teacher at the department for sculpture at the Art School in Bratislava. Works in small-scale and monumental art in stone, bronze and wood.

Since 1984 has taken part in various symposiums, in collective and one-man exhibitions both at home and abroad.

Oto aus Bratislava wird sich, wenn er Schwarzenberg verläßt, fragen müssen, wie er künftig ohne Franz auskommt. Woran Oto bisher unauffällig werkelte, wird durch Franzens Traktor plötzlich unübersehbar. Da ragt eine gewaltige Holzsäule auf der Wiese, wahrlich haushoch. Sie in die Senkrechte zu bringen, ohne daß sie gleich umkippt, dieses Problem löst Franz. Es bleibt ein anderes: wie kann Oto weiter an seiner Säule herumhämmern oder bohren oder sägen, ohne daß sie ihn erschlägt? Wer sich der Kunst verschreibt, begibt sich nun einmal immer in Lebensgefahr. Doch in diesem Fall: der Franz wird's schon richten.

Nein, Oto wollte keine Triumphsäule errichten. Er überließ die ragende Senkrechte nicht sich selbst, sondern unterbrach sie mit einem Querbalken, der respektlos die Eigenständigkeit einer Waagrechten behauptet. Formen, wie sie derart entstehen, müssen keineswegs etwas bedeuten. Sie sind, was sie sind. Und Bedeutung gewinnen sie dadurch, daß es sie zuvor in dieser Kombination noch nicht gegeben hat. Sie berühren weniger unser Denken als unser räumliches Empfinden.

Kremelska 13
841 05 Bratislava
Slowakische Republik

MARIA TERESA BELLONI

geboren 1951 in Córdoba (Argentinien), Besuch der Kunsthochschule, 1980 Diplom an der Nationaluniversität, Lehrtätigkeit im In- und Ausland, Lehrauftrag an der Kunstschule Córdoba, arbeitet als Bildhauerin, Schmuckgestalterin und Malerin, Teilnahme an über 70 Gruppen- und Einzelausstellungen im In- und Ausland, Arbeiten in privaten und staatlichen Sammlungen, Auftragswerke für die katholische Kirche und Privatsammler, erhielt zahlreiche Stipendien und Preise, zahlreiche Veröffentlichungen.

Öffentliche Arbeiten:
„Del Contacto Con El Cosmos", Galerie Tucumán Nr. 25, Córdoba, R.A.
„Templo Para el Tercer Mundo" in Carrara Marmor, Rathaus von Mulazzo, Carrara, Italien
Spital von Fanano, Modena, Italien
„Union" im Kemijarvi Museum, Finnland
P/T Blu Tultepec, Mexiko.

Preise:
Best Average National Award der Nationaluniversität von Córdoba
Erster Preis des Ministeriums für Soziale Wohlfahrt der Provinz Córdoba
Zweiter Preis der Menschenrechtsausstellung
Erster Preis „Ciudad de Córdoba"

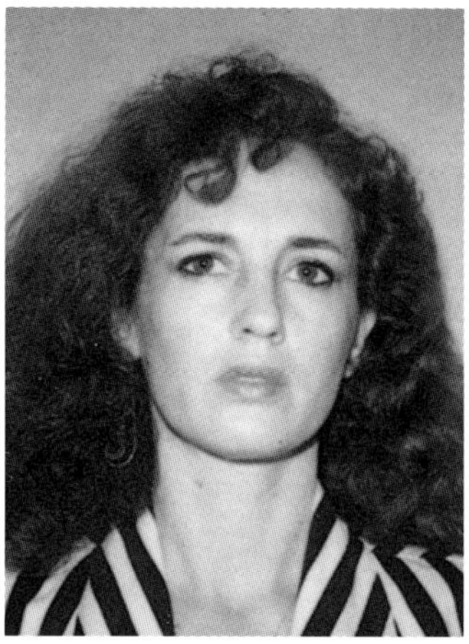

Born in 1951, in Cordoba (Argentine). Attended art college. 1980 received her diploma from the National University. Teaching activities both at home and abroad. Lecturer at the Art School in Cordoba. Works as a sculptor, jewellery designer and painter. Taken part in more than 70 collective and one-man exhibitions both at home and abroad. Works in both private and state-owned collections. Job contracts for the Catholic church and private collectors. Has received numerous grants and prizes. Numerous publications.

Narozena 1951 Cordóba (Argentina). Navštěvovala vysokou uměleckou školu, 1980 diplom na Národní univerzitě, učitelská činnost doma i v zahraničí.
Místo učitele na umělecké škole Cordóba. Pracuje jako sochařka, návrhářka šperků a malířka. Zúčastnila se více než 70 společných i samostatných výstav doma i v zahraničí. Její práce jsou zastoupeny v soukromých i státních sbírkách. Díla na objednávku pro katolickou církev a pro soukromé sběratele. Obdržela četná stipendia a ceny. Rozsáhlá publikační činnost.

Gruß an die Sonne

Mariateresa aus Argentinien kann nicht einmal mehr der Franz weiterhelfen. Ein Ladekran vom Kloster Schlägl muß herbeigeholt werden. Derweil bleibt Mariateresas Skulptur zweigeteilt. Die eine Hälfte, ein Sitzriese, ruht auf einer Granitplatte fest gegründet. Die andere liegt noch dahinter auf der Wiese. Regengüsse peitschen über sie hin. Das paßt. Denn Tränenströme will die fertige Figur provozieren. Unschwer erkennt der Betrachter, was aus dem Ganzen wird. Hier reckt ein Unglücklicher die Arme zum Himmel. Die säulenartigen Beine tragen ihn nicht mehr, daher sank er nieder, doch nicht auf die Knie. Adoranten, d.h. solche, die zu den Göttern flehen, werden in unserer Zeit gewaltiger dargestellt als die Götter selbst. Die Götter müßten blind sein, wenn sie ihn nicht sähen, taub, wenn sie ihn nicht erhörten. Aber allein der Adorant ist noch glaubhaft. Die Götter sind es nicht mehr.

*Maldonado Allende
1720-Valle del Cerro
CP.: 5.000 Argentinien
und
Hinteranger 51
4164 Schwarzenberg
Österreich*

HERMANN ECKERSTORFER

Grenzwächter

3 Sitzobjekte

geboren 1952 in St. Peter am Wimberg, absolvierte das Bundesrealgymnasium Rohrbach und die Pädagogische Akademie in Linz, Englischlehrer, Kunst- und Werkerzieher in Helfenberg.
Bilder in Mischtechnik und Pastellkreide, Objekte aus Eisen, Stein und Holz.

Ausstellungen in Rohrbach, Ulrichsberg, Waxenberg, Piberstein, Freistadt und Prachatice.

Organisation der BURG-ART in Helfenberg, Teilnahme an den Schulgalerie Aktionen „BEGEGNUNGEN" in Sarleinsbach und „K.u.K." in Steyr, Workshops in St. Margarethen im Burgenland.

Born in 1952, in St. Peter am Wimberg. Attended the senior secondary school in Rohrbach and the Teachers Training College in Linz.
English teacher, art and creative tutor in Helfenberg.
Works in mixed technique and in pastel chalk. Objects from iron, stone and wood.

Narozen 1952 v St. Peter am Wimberg, absolvoval zemské reálné gymnásium v Rohrbachu a Pedagogickou akademii v Linci.
Je učitelem angličtiny, výtvarné výchovy a technické výchovy v Helfenbergu.
Obrazy ve smišené technice a pastely, objekty z železa, kamene a dřeva.

Ein vollbärtiger Hüne stellt in erstaunlich kurzer Zeit drei Thronsessel hin, die einem Herrscherpaar von Riesen dienen könnten. Man rätselt noch, was aus diesem Ensemble endgültig wird. Vorderhand weist einer dieser Throne einen hohlen bzw. keinen Sitz auf. Wer sich hastig darauf setzen würde, müßte zusammenklappen wie ein Taschenmesser. Bliebe hoffnungslos eingeklemmt. Ein Thron mit Falltür. Es sollte ausschließlich solche Throne geben.

Hermann, Schöpfer der drei bereits erwähnten Throne, die Geisterkönige zum Residieren einladen, hat daneben ein monumentales Vogel-Idol errichtet. Der wuchtige Schnabel zielt auf den Betrachter, den die Vorstellung schreckt, dieses Urzeit-Geflügel könne einmal seine gewaltigen Schwingen ausbreiten, um sich rächend auf die Vergewaltiger der Vogelwelt zu stürzen. Die Flügel sind unverkennbar, denn Hermann, der sich sonst auf gewaltige Formen beschränkt, hat aus Holz ein Federkleid geschaffen. Diese Verbindung von Grobem und Feinstem macht die Skulptur zum Wunderwerk und durchaus der Wunder mächtig.

Piberberg 20
4184 Helfenberg
Österreich

GERALD EGGER

geboren 1959 in Linz.
Seit 1988 Studium an der Kunsthochschule Linz, Meisterklasse Bildhauerei bei Professor Erwin Reiter.
Seit 1989 Beteiligung an Gemeinschaftsausstellungen, 1990 Beitrag zur 500-Jahr-Feier der Stadt Linz, „Anton Bruckner" 1990 (Gemeinschaftsprojekt), seit September 1992 im Landestheater Linz als Plastiker und Kascheur.

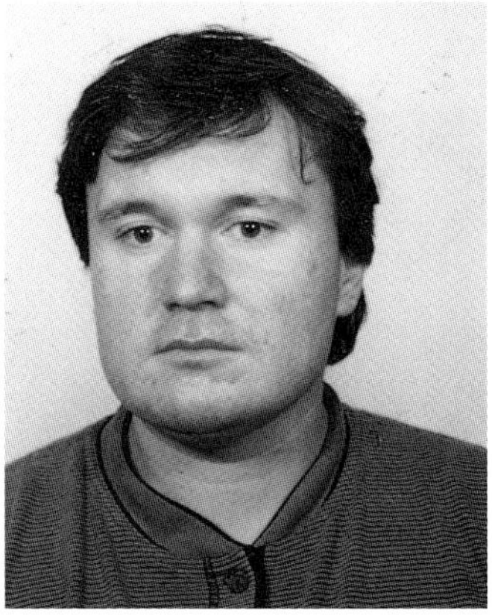

Narozen 1959 v Linci.
Od r. 1988 studium na Vysoké umělecké škole v Linci, mistrovská třída sochařství u profesora Erwina Reitera.
Od r. 1989 účast na kolektivních výstavách.
1990 příspěvek k oslavám 500 let města Lince „Anton Bruckner" (společný projekt).
Od září 1992 je výtvarníkem a dekoratérem v Zemském divadle v Linci.

Born in 1959, in Linz.
Since 1988 has been studying at the college of Art, in Linz, Master Class - Scuplture under Prof. Erwin Reiter.
Since 1989 has taken part in collective exhibitions.
1990 Contribution to the 500 year anniversary of the City of Linz, „Anton Bruckner" 1990 (collective project).
Since September 1992 has been working in the regional theatre in Linz as a sculptor and laminator.

Deublerstraße 19
4020 Linz
Österreich

"EOLE" NICOLE SCHMITT

geboren 1943, lebt und arbeitet in La Batie-Montgascon, zahlreiche Ausstellungen im In- und Ausland, darunter Personalausstellungen in: Österreich, Frankreich, Tschechische Republik.

Letzte Ausstellungen/Symposien:
1992: Galerie „Stop-Gallery", Plzen, Tschechoslowakei
Young Gallery, Domazlice, Tschechoslowakei
Galerie Caesar, Olomouc, Tschechoslowakei
Galerie 134, Cesky-Krumlov, Tschechoslowakei
Galerie La Teinturerie, Paris, Frankreich
Land-Art, Les Rousses, Frankreich
Internationales Bildhauersymposion Schwarzenberg, Österreich
1993: Galerie beim Büdlhauer, Aigen, Österreich
Galerie Basse Fontaine, Vence, Frankreich
Galerie La Teinturerie, Paris, Frankreich

Born in 1943. Lives and works in La Batie-Montgascon.
Numerous exhibitions both at home and abroad, amongst which are personal exhibitions in Austria, France, Czech Republic.

Narozena 1943, žije a pracuje v La Batie-Montgascon.
Četné výstavy doma a v zahraničí, mj. samostatné výstavy v Rakousku, Francii a v České republice.

„Eole" alias Nicole aus La Batie Montgascon läßt uns zwischen zwei Säulen hindurchschreiten. Man muß da schon „schreiten" und darf nicht einfach gehen. Eigentlich sind diese beiden Säulen auf einer Wiese nicht gerade de-, aber doch nur provisorisch plaziert. Es sind keine glatten Säulen. Mit der Motorsäge fügte ihnen „Eole" tiefe Schnitte zu. Es entstehen dadurch zwar keine geborstenen Säulen, die fallen können über Nacht. Aber es wird doch einsichtig, wie leicht eine Frau solch einen massiven Stamm in Scheiben schneiden kann. Ob es sich um tönende Säulen handelt und Nicole hölzerne „Eoles"-Harfen schuf, darüber darf spintisiert werden.

Le Renodel
38110 La Batie-Montgascon
Frankreich

VÁCLAV FIALA

geboren 1955 in Klatovy (Böhmen), Absolutorium der Kunstgewerbemittelschule in Prag, Werbegraphiker im Verlag „Mlada fronta", 1976-1988 figurative Malerei und Zeichnung (Zyklen „Nachtgespräche", „Spiele", „Abendliches Prag", „Kreuzweg"), nach Asienreisen Zyklen von Zeichnungen und Bildern (Georginischer Zyklus, Indischer Zyklus). Gründete 1989 mit Freunden die Galerie „U bílého jednorožce" (Zum weißen Einhorn), lebt seit 1990 in Prag.

Ausstellungen:
1988 „Zeichnungen aus Indien", Klatovy, Tschechoslowakei
1989 Galerie Luna, Pilsen, Tschechoslowakei
1992 „Winged Arrow", Škoda Pilsen, Tschechoslowakei
Bildhauersymposion Schwarzenberg, Österreich
1993 „Schwarze Zeichnungen", Ungarisches Kulturzentrum Prag, Tschechische Republik

Narozen 1955 v Klatovech (Česká republika).
Absolvent střední školy uměleckých řemesel v Praze.
Reklamní grafik v nakladatelství „Mladá fronta". 1976–88 figurální malba a kresba (cykly „Noční rozhovory", „Hry", „Večerní Praha", „Křížová cesta"). Jako výsledek cesty do Asie soubory kreseb a obrazů (Gruzínský soubor, Indický soubor). V roce 1989 založil s přáteli galerii „U bílého jednorožce". Od roku 1990 žije v Praze.

Born in 1955, in Klatovy (Bohemia). Attended the Art School in Prague. Commercial artist with the publishing house „Mlada fronta". 1976-1988 figurative painting and drawing (Cycles „Night Talks", „Games", „Prague in the Evening", „Crossings"). Following journeys to Asia, cycles of drawings and pictures (Georgian Cycle, Indian Cycle). 1989 founded together with friends the gallery „U bílého jednorožce" („To the White Unicorn"). Has been living in Prague since 1990.

Dvojice

Oblouk pro Adalberta Stiftera

Mit unverdrossener Mühe schnitt Václav aus Prag aus den geraden Stämmen gekrümmte Planken. Die hiermit gewonnene Wölbung verlängert und verkeilt er zu einer massiven Bogenkonstruktion. Diese möchte er am Aufgang zur Kirche von Schwarzenberg aufstellen, als Dauergabe. Noch ist ungewiß, ob der Pfarrer dazu sein Einverständnis gibt. Wenn ihm diese Art der Überbrückung als ein Büßerjoch erscheint, müßte ihm willkommen sein, daß seine Glaubenskinder darunter hindurchschreitend den Weg zum Gotteshaus suchen.

Petra Slezáka 14
186 00 Praha 8
Tschechische Republik

LÁSZLÓ FISH-KOVÁCS

Stele mit den Namen aller Teilnehmer am Symposion

Junge Demokratie

geboren 1955, arbeitet als Holzbildhauer und Lehrer für Holzschnitzerei, wohnt in Harta (Hartau) an der Donau, 100 km südlich von Budapest.
Mit Holz arbeitet er seit 1981, vorher waren es Metall und Ton, Mitglied des Studios der Holzbildhauer in Kecskemet (Komitat Bacs-Kiskun), Teilnahme an mehreren Ausstellungen auf Komitats- und Landesebene. Gewann in der Kategorie Spielplatzplastiken mehrere Preise, baute vier komplette Spielplätze zusammen mit acht anderen Kollegen, 1991 erhielt er in Budapest den Titel „Meister der Volkskunst" in der Kategorie Holzbildhauerei, seine Plastiken wurden in fast allen Städten Ungarns ausgestellt, im Herbst 1992 Arbeitsaufenthalt und Ausstellung in Dänemark, drei Ausstellungen in Deutschland.

Born in 1955, works as a wood sculptor and teacher of wood carving. Lives in Harta (Hartau) on the Danube, 100 km south of Budapest.
Has been working with wood since 1981. Formerly worked with metal and clay. Member of the Wood Sculptor Studio in Kecskemet (Komitat Bacs-Kiskun), has taken part in several exhibitions on the Komitat and regional level.
Has won several prizes in the playground sculpture category. Has built four complete playgrounds together with 8 other colleagues.
In 1991 was awarded the title „Master of Folklore Art" in Budapest, in the wood sculpture category. His sculptures have been exhibited in almost every city in Hungary. In the autumn of 1992, worked and exhibited in Denmark. Three exhibitions in Germany.

Narozen 1955, pracuje jako sochař-řezbař a učitel řezbářství. Žije v Hartě (Hartau) u Dunaje, 100 km jižně od Budapešti. Se dřevem pracuje od roku 1981, předtím se věnoval práci s kovem a hlínou. Člen studia sochařů – řezbářů v Kecskemetu (Komitat Bacs-Kiskun). Účast na několika výstavách na úrovni regionu a země.
Získal několik cen v kategorii plastik určených pro hřiště, spolu s osmi dalšími kolegy vybudoval čtyři kompletní dětská hřiště. 1991 obdržel v Budapešti titul „Mistr lidového umění" v kategorii řezbářství. Jeho plastiky byly vystaveny téměř ve všech městech Maďarska. Na podzim 1992 pracovní pobyt a výstava v Dánsku. Tři výstavy v Německu.

Védgátsor 12
Harta 6326
Ungarn

László aus Kecskemét erschuf den Gott des Waldes. Daran besteht kein Zweifel. Er läßt den abgeschälten glatten Stämmen ihre Wucht, setzt sie als Fundament, Sockel, ragenden Rumpf ein. Der kolossale Körper dient vor allem dazu, die muskulösen Äste zur Geltung zu bringen, die sich nach allen Seiten recken wie beim vielarmigen Shiva, Indiens Gott mit den 1008 Namen, dem Zerstörer der Welt und Endiger von Leid und Leben. Doch gilt Shiva auch als Verkörperung der lebensspendenden Zeugungskraft. Darauf deutet bei Lászlós Waldgottheit ein mächtiges Astgeweih hin, wie es kein Hirsch im Böhmerwald aufweist. Hirsche, die annähernd einen derartig kapitalen Kopfschmuck tragen, ziehen als Könige des Waldes durch die Karpaten, wo sie von deutschen Kapitalisten abgeschossen werden. Nicht allein deshalb tut ein Gott des Waldes not. Lászlós Astgeweih krönt keinen Kopf. Ein solches kreatürliches Attribut hat ein Gott nicht nötig. Selbst wenn er sich personifiziert, bleibt bei ihm alles Geist.

KOVÁCS

PINO GUZZONATO

Mühl

lebt und arbeitet in Marano-Vicentino. Als Jugendlicher besucht er Kunstläden und Werkstätten und befaßt sich mit verschiedenen Arbeitstechniken und mit Stein, Metall, Holz, plastischen Materialien und Papier. Matura am Kunstgymnasium und Unterrichtstätigkeit in Venedig, experimentelle Versuche, Vorliebe für Anthropologie und Insekten, Aktionen zur Rettung der Umwelt in Stadt und Land. Nationale und internationale Ausstellungstätigkeit in Galerien, öffentlichen Institutionen und bei Kunstmessen, Teilnahme an von den Flughäfen Orly und Linate organisierten Ausstellungen.

Letzte Ausstellungen:
1992 Hapax-Artefici e Idiomi, Palazzo Toaldi Capra - Schio (Vicenza)
Galassia Gutenberg, Crossing, Portogruaro (Venezia)
„Postumia", Museo Civico d'Arte Contemporanea San Martino di Lupari (Padova)
Europ'Art, Genf
A.A. Fair, Ljubljana
Palazzo Colonnese, Valeri, Cheiros, Vicenza
Künstlerzentrum Schloß Parz, Grieskirchen
2. Internationales Bildhauersymposion, Schwarzenberg
1993 Galleria d'Arte „L'Ariete", Bologna
Effetto Museo 2, Museo Casabianca Malo (Vicenza)

Lives and works in Marano Vicentino. As a youngster, he went to art shops and workshops and pre-occupied himself with different working techniques and with stone, metal, wood, plastics and paper. Final School Leaving Examination from the School of Art. Teaching activities in Venice. Experiments. Partiality for anthropology and insects, actions to save the environment in the city and in the country. National and international exhibitions in galleries, public institutes and at art fairs. Took part in the Orly airport and Linate exhibitions.

Žije a pracuje v Marano Vincentino. V letech dospívání navštěvoval obchody s uměním a umělecké dílny a zabýval se různými technikami práce s kamenem, kovem, dřevem, umělou hmotou a kovem.
Maturita na uměleckém gymnasiu. Učitelská činnost v Benátkách. Experimentální práce, záliba v antropologii a zkoumání hmyzu, akce na záchranu životního prostředí ve městě a zemi. Národní a mezinárodní výstavy, v galeriích, veřejných institucích a při uměleckých akcich. Účast na výstavách organizovaných letištěm Orly a Linate.

Pino aus Marano-Vicentino vereint scheinbar Unvereinbares. Dem Material Holz weist er eine dienende Funktion zu. Er zimmert aus daumendicken Brettern handlange quadratische Kästen. In diese legt er Steine hinein. Steine ganz verschiedener Art und unterschiedlicher Größe, gerade noch passend in das hierfür vorbereitete Behältnis. In viel viel kleinerem Maßstab kann man sich so eine Edelsteinsammlung vorstellen. Aber was heißt hier „edel"? Jeder Stein, den Pino aus der Großen Mühl herausholt, wird durch die Hand des Künstlers geadelt. Es handelt sich noch um ein work in progress. In einen der Kästen sprüht Pino eine gelbliche Kunststoffmasse hinein, die erhärtet und nur Spitzen des Steines herauslugen läßt. Was immer zuletzt daraus werden mag: daß Holz und Stein zueinander gehören – und als drittes Erde dazu –, zeigt sich in jedem Wald. Man braucht gar nicht erst den Dreisessel zu besteigen.

*Via Villaraspa 1
36035 Marano-Vicentino
Ita!ien*

HANS HEIS

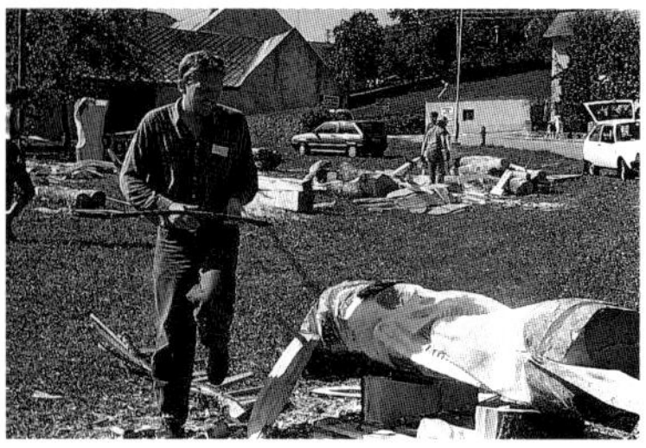

Todeskuß

geboren 1959 in Linz,
1974-78 Ausbildung zum Holzbildhauer in Hallstatt/Oberösterreich,
1978-83 Studium an der Hochschule für künstlerische und industrielle Gestaltung in Linz (Bildhauerei bei Prof. Erwin Reiter), Abschluß mit Magister artium, 1983-1985 Meisterklasse „Visuelle Gestaltung" bei Prof. Laurids Ortner in Linz.

Letzte Ausstellungen:
1991 Internationales Bildhauersymposion in Lenora/CSFR
Eisenbildhauersymposion „Kunstgrenzbezirk" im Kraftwerk Riedersbach, Oberösterreich,
1992 Internationales Eisenbildhauersymposion „WINGED ARROW" in Pilsen/CSFR,
Gruppenausstellung „Junge Kunst aus Österreich" im Schloß Hof/Niederösterreich,
Internationale Gruppenausstellung „Der wiedergefundene Anblick" im Künstlerzentrum Schloß Parz/Oberösterreich,
Internationales Holzbildhauersymposion in Schwarzenberg/Oberösterreich,
1993 Einzelausstellung in der Galerie Seghaier Wien, „UND DIE EINEN STEH'N IM LICHTE UND DIE ANDEREN SIEHT MAN KAUM"

*Born in 1959, in Linz.
1974 - 78 Trained to become a wood sculptor in Hallstatt, Upper Austria
1978 - 83 Studied at the the College of Art and Industrial Design in Linz, (sculpture, under Prof. Erwin Reiter). Completed his studies with the title „Magister artium", 1983 - 85 Master Class „Visual Design" under Prof. Laurids Ortner in Linz.*

Narozen 1959 v Linci
1974–78 studium řezbářství v Hallstattu (Horní Rakousko),
1978–83 studium na vysoké škole pro umělecký a průmyslový design v Linci (sochařství u prof. Erwina Reitera). Absolutorium jako magistr umění,
1983–85 mistrovská třída „Vizuální design" u prof. Laurids Ortnera v Linci.

*Rüdigergasse 27/12
1050 Wien
und
Wienerstraße 165
4020 Linz
Österreich*

Hans weist sich als Magister artium aus. Er bereichert die hölzerne Menagerie um ein krebsrotes Ungeheuer. Das Eigenschaftswort ist mit Bedacht gewählt, denn es sind unschwer zwei halbe Hummer zu erkennen, in der Mitte miteinander verbunden wie siamesische Zwillinge, nach beiden Seiten drohend ihre Scheren reckend. Ein Graus der Evolution, ein Traumbild vielleicht für einen Koch. Doch die breiten Schwänze an beiden Enden sind bereits abgenagt.

RUDOLF HŮLKA

geboren 1953 in Liberec, von Kindheit an Arbeit mit Holz in der väterlichen Werkstatt, später berufliche Arbeit mit Holz in verschiedenen Bereichen, arbeitete als Puppenschnitzer am Puppentheater in Liberec (dieses Theater gehört zu den besten dieser Art in Böhmen).
Seit fünf Jahren selbständiger Künstler, orientiert sich an figuralen Themen, seine Arbeiten befinden sich in Privatsammlungen und in der Westböhmischen Galerie in Pilsen, Teilnahme an mehreren Ausstellungen in Liberec, Usti n.L., Prag, München, Dijon, Pilsen.

Narozen v Liberci, od dětstvi pracoval se dřevem v dílně svého otce. Později práce se dřevem v nejrůznějsích oborech činnosti: pracoval jako řezbář loutek v loutkovém divadle v Liberci (toto divadlo patří k nejlepším svého druhu v Čechách).
V posledních pěti letech nezávisle tvořící umělec, orientuje se na figurální tematiku. Jeho práce jsou zastoupeny v soukromých sbírkách a v Západočeské galerii v Plzni. Účast na různých výstavách v Liberci, Ústí nad Labem, Praze, Mnichově, Dijonu a Plzni.

*Born in 1953, in Liberec, has worked with wood in his father's workshop since he was a child. Later worked with wood in a variety of fields. Worked as a puppet carver at the puppet theatre in Liberec (this theatre is one of the best of its kind in Bohemia).
Has been a freelance artist for five years, orientating himself on figural themes. His works are to be found in private collections and in the West Bohemian Gallery in Pilsen. Has taken part in several exhibitions in Liberec, Usti, Prague, Munich, Dijon, Pilsen.*

Eine Antwort auf die Frage, was Rudolfs Vierbeiner darstellt, findet sich vielleicht bei Christian Morgenstern: „Das Mondschaf spricht zu sich im Traum: 'Ich bin des Weltalls dunkler Raum'". Genau so sieht es aus. Und Rudolf macht eine Kinderschaukel daraus.

Rudolf aus Liberec, der Spaßvogel mit dem Mondschaf, hat den Schalk im Nacken. Gerade wird eine von ihm gefertigte solide Leiter abtransportiert, die irgendwo im Gelände aufgestellt werden soll. Mit dieser Leiter inniglich verbunden ist ein Läufer, der eigentlich nur aus Beinen und Armen besteht. In einem der Märchenwälder der Gebrüder Grimm „sahen sie einen, der stand da mit einem Bein und hatte das andere abgeschnallt und neben sich gelegt. Da sprach der Mann, der um die ganze Welt kommen wollte 'Du hast dir's bequem gemacht zum Ausruhen'. – 'Ich bin ein Läufer', antwortete er, 'und damit ich nicht gar zu schnell renne, habe ich mir das eine Bein abgeschnallt. Wenn ich mit zwei Beinen laufe, so geht's geschwinder, als wenn ein Vogel fliegt'". Von solchem Kaliber ist Rudolfs Läufer. Wie ein Vogel zu fliegen bleibt ihm allerdings verwehrt. Er bleibt, hinauf und herab, unentrinnbar an seine Leiter gefesselt.

*Růžova' 2
46002 Liberec 2
Tschechische Republik*

VOJTĚCH HURTA

geboren 1943 in Mělnik, ČSR, lebt in Pilsen, Ausbildung als Metallplastiker und Restaurator, freie künstlerische Arbeit als Maler und experimenteller Plastiker, seit 1967 Mitglied beim Internationalen Verband Unabhängiger Künstler (ARS LIMITES IGNORAT).

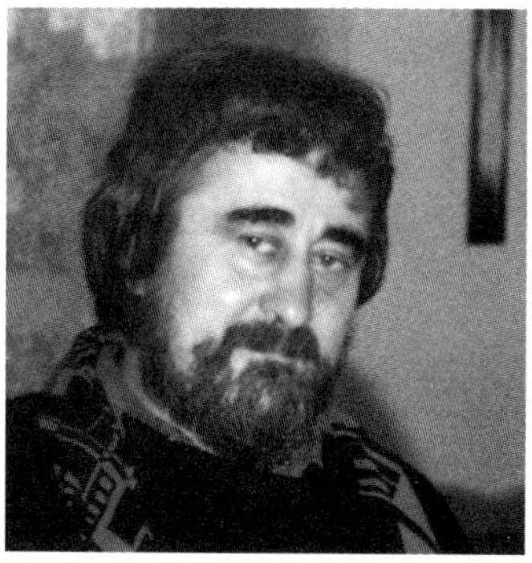

Narozen 1943 v Mělníce, Česká republika.
Žije v Plzni. Vzdělání v oboru kovoplastiky a restaurátorství. Nezávislá umělecká činost jako malíř a tvůrce experimentálních plastik. Od roku 1967 členem Mezinárodního svazu nezávislých umělců (ARS LIMITES IGNORAT).

Born in 1943, in Melnik, Cs. Lives in Pilsen. Trained as a metal sculptor and restorator. Freelance artist and painter and experimental sculptor. Has been a member of the International Association of Independent Artists (ARS LIMITES IGNORAT), since 1967.

Prostřední 46
318 04 Plzeň
Tschechische Republik

Vojtech aus Pilsen nähert sich Henryka mit einer ähnlichen Auffassung. Eine hohe Stele, die als Form zunächst allein für sich sprach, strich er schwarz und dunkelrot an. Das verleiht ihr eine düstere Wirkung. Am nächsten Tag sieht man sie an Brust und Rücken mit weiß-roten Pfeilen gespickt. Ganz ähnlich, wie Banderilleros den Nacken eines todgeweihten Kampfstieres bewimpeln. Ganz ähnlich aber auch, wie die Pfeile, durch die der heilige Sebastian den Märtyrertod erlitt. Kennzeichnend überhaupt: griechisch sebastos = der Ehrwürdige. Alles Ehrwürdige bleibt tödlichen Pfeilen ausgesetzt.

GOTTHARD JANDA

Dvojice

geboren 1939 in Dolni Benesov, 1958 - 1962 Kunstgewerbeschule in Uherské Hradiště, 1964 - 1966 Lehrer an der Volkskunstschule in Opava, 1966 - 1972 Architekturstudium an der Baufakultät VUT in Brno, seit 1972 Arbeit als Bildhauer und Industriedesigner, zahlreiche Ausstellungen in der Region Opava und Ostrava

Öffentliche Arbeiten:
1976 Dekorative Wand vor dem Restaurant in Krnov
1978 Jardiniere im Schulareal in Krnov
1984 Keramisches Relief am Diensthaus in Krnov
1986 Denkmal des Malers Vilem Balarin in Zabřeh bei Hlučin
1990 Gedenktafel und Büste Jan Zajic für die Schule in Vitkov
1992 Gedenktafel und Büste JuDr. Karel Engliš

Born in 1939, in Dolni Benesov. 1958 - 1962 Art School in Uherske Hradiste. 1964 - 1966 teacher at the Peoples' Art School in Opava. 1966 - 1972 studied architecture at the building faculty VUT in Brno. Since 1972 has been working as a sculptor and industrial designer.
Numerous exhibitions in the region of Opava and Ostrava.

Narozen 1939 v Dolním Benešově. 1958–62 škola uměleckých řemesel v Uherském Hradišti, 1964–66 učitelem v lidové škole umění v Opavě. 1966–72 studium architektury na stavební fakultě Vysokého učení technického v Brně. Od roku 1972 pracuje jako sochař a průmyslový výtvarník. Četné výstavy v oblasti Opavy a Ostravy.

Nádražní 366
747 22 Dolní Benešov
Tschechische Republik

JAN KONARSKI

geboren 1949 in Slupsk, Studium an der bildhauerischen Fakultät der Kunsthochschule in Gdansk bei Prof. A. Wisniewski und Prof. A. Smolana, Diplom 1972, lebt und arbeitet in Slupsk, Ehrenzeichen des Ministeriums für Kultur und Kunst „Verdienter Aktivist der Kultur", seit 1972 zahlreiche Einzel- und Gruppenausstellungen in Polen, Dänemark und Deutschland sowie Symposien.

Öffentliche Arbeiten:
Skulpturen in öffentlichen Parks in Slupsk, Ustka, Lebovk, Brunnenanlagen in Ustka und Slupsk, Reliefs in Czluchów, Miastko und Slupsk, Büste in Slupsk.

Narozen 1949 ve Slupsku.
Studium na sochařské fakultě vysoké školy umělecké v Gdaňsku (prof. A. Wisniewski, prof. A. Smolana), abslovoval 1972. Žije a pracuje ve Slupsku. Vyznamenán ministerstvem kultury a umění jako „zasloužilý kulturní činitel". Od roku 1972 četné samostatné i skupinové výstavy v Polsku, Dánsku a Německu, účast na sympoziích.

Born in 1949, in Slupsk.
Studied at the Sculpture Faculty of the Art College in Gdansk under Prof. A. Wisniewski and Prof. A. Smolana. Received his diploma in 1972. Lives and works in Slupsk. Honoured with „Merited Activist of Art" by the Ministry for Culture and Art. Since 1972 numerous one-man and collective exhibitions in Poland, Denmark, Germany and symposiums.

Nord Avenue

ul. Kaszubska 31
76 200 Slupsk
Polen

PATRIK KOVAČOVSKÝ

geboren 1970 in Bratislava.
1987 Schulabschluß als Kunsttischler, 1987-90 Fortsetzung der Ausbildung in Holzschnitzerei an einer Höheren Technischen Lehranstalt in Bratislava. Seit 1990 Studium an der Akademie für Bildende Kunst und Design in Bratislava, Fachrichtung Skulptur, Glasdesign und Glasmalerei.

Narozen 1970 v Bratislavě. 1987 absolvoval školu pro umělecké truhláře, 1987–90 pokračoval ve studiu řezby na vyšší průmyslové škole v Bratislavě. Od roku 1990 studium na Akademii výtvarných umění a designu v Bratislavě, zaměření na sochařství, výtvarnictví skla a malbu na skle.

Born in 1970, in Bratislava.
1987 left school as an artistic carpenter. 1987-90 continued his education in wood carving at one of the Higher Technical Colleges in Bratislava. Since 1990 has been studying at the Academy for Graphic Art and Design in Bratislava, specialist field - sculpture, glass design and glass painting.

Kuklovská 57,
841 05 Bratislava
Slowakische Republik

WERNER KRAMER

geboren 1958 in Wels, seit 1988 Studium an der Kunsthochschule Linz, Meisterklasse Bildhauerei, seit 1989 Beteiligungen an Gemeinschaftsausstellungen und Symposien.

Narozen 1958 ve Welsu.
Od r. 1988 studium na Vysoké umělecké škole v Linci, mistrovská třída sochařství.
Od r. 1989 učast na společných výstavách a sympoziích.

Born in 1958, in Wels.
Since 1988 has been studying at the College of Art in Linz, Master Class - Sculpture
Since 1989 has taken part in collective exhibitions and symposiums.

Gärtnerstraße 41
4600 Wels
Österreich

Werner ging schon vor seiner Ankunft in Opposition gegen die Masse an Holz, die auf der Wiese und auf seinen Vorstellungen lastete. Das Wuchtige schreckte ihn ab. Er arbeitete lieber in Filigran und bestellte Äste und Zweige. Die schält er geduldig. Als sie in einem sperrigen Haufen aufeinanderliegen, sehen sie von weitem aus wie ein Schlangennest. Aber Werner gestattet den nackten Zweigen kein Eigenleben. Er nimmt eine Palette, wie sie gebraucht wird, um mit einem Gabelstapler schwere Lasten zu transportieren. In den schmalen Zwischenraum zwischen den breiten Boden- und Deckenlatten zwingt er seine Zweige. Ein trauriger Anblick: Eingesperrtes Geäst. Aber es macht die in ein Gefängnis verwandelte Palette unbrauchbar. Und damit plötzlich wertvoll. Mit dem abgesägten Stück eines Zweiges spielt ein Hund.

TOMÁŠ KŮS

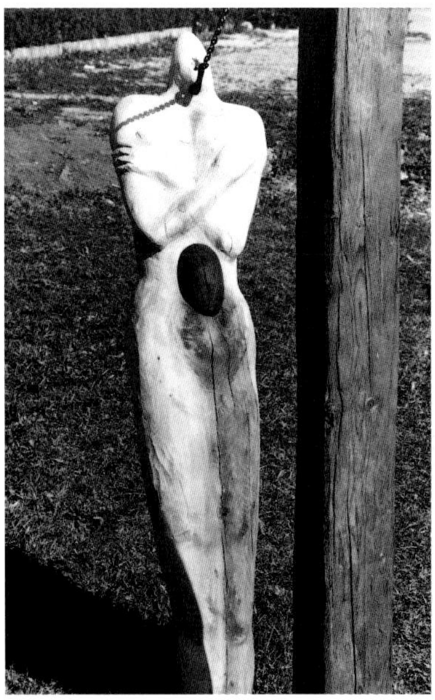

geboren 1950 in Susice im Böhmerwald, Besuch des Humanistischen Gymnasiums in Pilsen, Studium am Hochschullehrinstitut in Pilsen (Tschechisch und Bildnerische Erziehung), an der Philosophischen Fakultät der Karlsuniversität in Prag (Bohemistik, Geschichte, Kunstgeschichte), Doktorat. Unterrichtete an Mittelschulen, arbeitete als Inspektor für Tschechisch und Kunsterziehung und als Direktor des Kulturreferates der Stadt Pilsen.
Arbeitet nun als Freier Künstler, seit 1990 Mitglied der Union Bildender Künstler, Vorsitzender der Gesellschaft IF in Pilsen.
Widmet sich der Graphik (Tiefdruck), dem Zeichnen und Malen, dreidimensionalen Arbeiten und der Literatur.

Narozen 1950 v Sušici na Šumavě, navštěvoval gymnasium s humanitním zaměřením v Plzni. Studium na Pedagogické fakultě v Plzni (čeština a výtvarná výchova) a na filozofické fakultě Univerzity Karlovy v Praze (bohemistika, dějepis, dějiny umění). Doktorát. Vyučoval na středních školách, pracoval jako inspektor češtiny a výtvarné výchovy a jako ředitel kulturního odboru města Plzně.
Pracuje jako nezávislý umělec, od roku 1990 členem Svazu výtvarných umělců, předseda společnosti „IF" v Plzni.
Věnuje se grafice (hlubotisk), kresbě a malbě, trojrozměrným pracím a literatuře.

Born in 1950, in Susice in the Bohemian Forest. Attended the classical secondary school in Pilsen. Studied at the University Teaching Institute in Pilsen (Czech and sculpture training) and at the philosophy faculty of Karl's University in Prague (Bohemian studies, history, history of art).
Doctorate.Taught at senior secondary schools, worked as an inspector for Czech and art training and as the director of the Cultural Office of the City of Pilsen.
Now works as a freelance artist. Since 1990 has been a member of the Union of Plastic and Graphic Artists. Chairman of the Society „IF", in Pilsen.
Dedicates himself to graphics (intaglio printing), drawing and painting, three-dimensional work and literature.

Ein mythologischer Hain, falls ihm ein solcher Rang zugestanden werden kann, führt den, der ihn betritt, durch Himmel und Hölle. Einen höllischen Bezirk richtete Tomas aus Pilsen ein. Ein Drei-Stangengestell, von dessen Spitze eine Kette herabhängt, um mit einem Haken den Henkel eines Kupferkessels zu tragen. Gewöhnlich wird darin im Freien über einem Holzfeuer Eintopf gekocht. Von dessen gutem Geschmack konnten sich die Gäste bereits am ersten Sonntag überzeugen. Tomas hängt an der Kette keinen Kessel auf, sondern ein unterarmlanges, doch recht kompaktes Kreuz. Es verkohlte. Allerdings nicht über einem Reisigfeuer, sondern eine Glut anderer Art schwärzte es. Es muß Tomas' innere Glut gewesen sein. In der Mitte des Kreuzes hat er eine handtellergroße, auch geschwärzte, Löwenmaske angebracht. Sie imaginiert allerdings nicht einen Löwenkopf, sondern das Haupt der Medusa, bei deren Anblick ein jeder zu Stein erstarren muß.

Noch grauenhafter wirkt die benachbarte Stellage. Eine sozusagen naturgetreu modellierte Frauenfigur hängt schräg an einem Haken, der ihr Kinn durchbohrt. Die derart Gefolterte trägt ein Kind im Leib. Darauf weist eindeutig eine ovale Form hin von etwa zwanzig Zentimeter Länge, die in den ausgehöhlten Bauch der Figur eingelegt ist. Dieser schwarz gefärbte Embryo erinnert uns daran, daß die Frau das Leben schenkt und zugleich damit den Tod: Ihr Schicksal und der Fluch der Menschheit seit altersher.

nám. G. Piki 14
323 20 Plzeň
Tschechische Republik

ALOIS LEOPOLD LINDENBAUER

geboren 1947 in Weyer, längere Aufenthalte in Höhlen, Bundesfachschule für Holz- und Steinbildhauerei, Hallstatt. Zusammenarbeit mit Arch. Lucio de Paulis, L'Aquila, Italien. Beschäftigung mit den Steinbauten megalithischer Kulturen im Mittelmeerraum, in Schweden und Japan. Beteiligungen an Symposien. Initiator von Projekten. Ständiges „geomorphologisches" Arbeiten. Förderungspreis des Landes Niederösterreich. Staatsstipendium und Arbeitsstipendium des BM für Unterricht und Kunst.

Letzte Ausstellungen:
1991 Bildhauersymposion Lenora, Tschechoslowakei; „Minokamo Skulptur Symposion",Gifu, Japan; „Private Investigations", Kunsthalle Exnergasse, Wien, Österreich; „Skulpturen", Galerie Pohlhammer, Steyr, Österreich; Kulturverein Donauraum Projects, Haus Wittgenstein, Wien, Österreich;
1992 „Flußspuren" Gars am Kamp, Österreich; Internationales Stahlsymposion Riedersbach, Österreich; Internationales Bildhauersymposion Schwarzenberg, Österreich; „Tragbar bis untragbar", Losensteiner Kulturhaus, Linz, Österreich

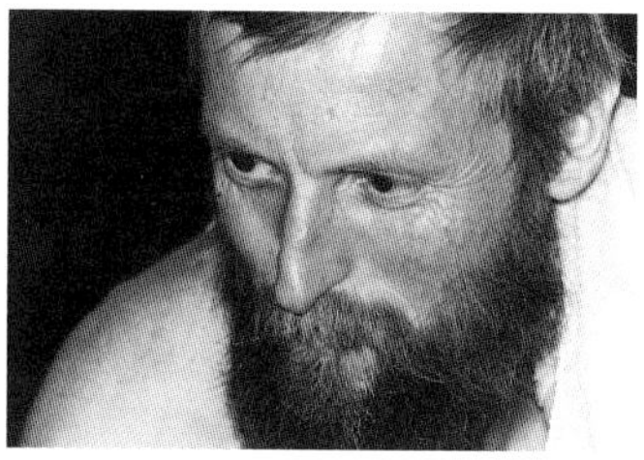

Born in 1947, in Weyer, Upper Austria.
Has spent a long time in caves.
Attended the school for wood and stone scultpure in Hallstatt. Cooperation with Arch. Lucio de Paulis, L'Aquila, Italy. Works with the stone structures from megalithic cultures in the Mediterranean area, in Sweden and in Japan. Has taken part in symposiums.
Initiator of projects. Continuous „geomorphological" work.
One-man exhibitions, Symposiums, projects. Taken part in exhibitions.
Promotion prize from the county of Lower Austria.
Awarded a state grant and working grant by the Federal Ministry for Education and Art.

Narozen 1947 ve Weyeru, Horní Rakousko.
Delší pobyty v jeskyních.
Navštěvoval odbornou školu řezbářskou a sochařskou v Hallstattu.
Spolupráce s arch. Lucio de Paulis, L'Aquila, Itálie. Zabýval se kamennými stavbami megalitických kultur ve Středomoří, ve Švédsku a v Japonsku.
Účast na sympoziích.
Iniciátor projektů. Práce v oblasti „geomorfologie". Stipendium země Dolní Rakousko, státní stipendium a pracovní stipendium ministerstva pro výuku a umění.

Auch Alois gibt vorderhand Rätsel auf. Wie ein Zimmermann legt er millimetergenau zugeschnittene und glattgeschliffene Vierkanthölzer aufeinander. Nichts erinnert mehr auch nur im entferntesten an einen Baum. Er handhabt Baumaterial für eine Wand, die täglich wächst. Aber beinahe klammheimlich kehlt Alois seine Vierkanthölzer an einer Innenseite aus. Von vorne bemerkt man nichts davon. Erst wer über seine Schulter schaut, kommt ihm auf die Schliche. Jedenfalls sind diese Vierkanthölzer jetzt schon nicht mehr, was sie zu sein scheinen. Was mag daraus werden?

Dr. Hans-Sperlstraße 37
3335 Weyer
Österreich

Alois malt nicht an, er läßt einfärben. In seine ausgekehlten Vierkanthölzer schüttet er Holunderbeeren, die er zermanscht. Sie tränken das Holz mit Pflanzenblut.

ROMAN MAKŠE

geboren 1963 in Ljubljana (Slowenien), 1989 Abschluß der Studien an der Akademie der Bildenden Kunst in Ljubljana, weiterführende Studien am gleichen Institut bis 1991, Einzelausstellungen in Ljubljana und Zagreb von 1989 bis 1993, Teilnahme an mehreren Gruppenausstellungen und Symposien.

Letzte Ausstellungen/Symposien:
1990 Geometrien - Skopje, Belgrad, Subotica, Osijek, Maribor, Koprivnica, Ljubljana, Rijeka, Zagreb, Sarajevo, Neue Slowenische Skulptur - Rijeka, Split, Subotica, Varaždin
1991 Pančevo Ausstellung jugoslawischer Skulptur, Pančevo, Bildhauersymposion in Ribnica,
1992 Network for Metelkova, Ljubljana, 2. Internationales Bildhauersymposion in Schwarzenberg, Österreich.

Born in 1963, in Ljubljana (Slovenia). 1989 finished his studies at the Academy of Graphic Art in Ljubljana. Continued studying at the same institute until 1991. One-man exhibitions in Ljubljana and Zagreb from 1989 to 1993. Took part in several collective exhibitions and symposiums.

Narozen 1963 v Ljubljaně (Slovinsko). 1989 ukončil studium na Akademii výtvarných umění v Ljubljaně, rozšiřující studium na témže institutu do r. 1991. Samostatné výstavy v Ljubljaně a Zagrebu v letech 1989–93. Účast na několika výstavách a sympoziích.

Der Slowene Roman nagelte aus Latten einen kompakten Baukörper zusammen, der ohne weiteres als Bar Verwendung finden könnte. Vielleicht war Roman nach feiern zumute. Gleich daneben stehen zwei hölzerne Figurinen der Kroatin Jasna aus Zagreb. Ein buntbemaltes und höchst zerbrechliches Paar.
Ein größerer Kontrast wäre kaum vorstellbar, wenn Jasnas beinahe unwirkliche Geschöpfe wie in einer Karnevalslaune an Romans Bar träten.

Lunačkova 5
Ljubljana 61000
Slowenien

MAKOTO MIURA

geboren 1949 in Gojome, Akita (Japan), 1965 - 1968 Funakawa Hochschul-Oberklasse für Marinemaschinen der Akita-Prefectural, 1968 - 1969 Osaka Schiffsbau-AG, Osaka-Japan, 1970 - 1973 Aufenthalt in Europa, 1974 - 1979 Studium bei Professor Erwin Reiter an der Kunsthochschule in Linz, Meisterklasse Bildhauerei, 1979 Diplomprüfung mit Förderungspreis des Unterrichtsministeriums, 1979 - 1980 Meisterjahr an der Meisterklasse Bildhauerei, 1980 - 1983 Lehrbeauftragter an der Hochschule für Gestaltung Linz, Meisterklasse Bildhauerei, seit 1983 Vertragsassistent, seit 1985 Hochschulassistent Meisterklasse Bildhauerei, Österreichische Staatsbürgerschaft. Zahlreiche Ausstellungen im In- und Ausland.

Born in 1949, in Gojome, Akita (Japan). 1965 - 1968 attended Funakawa College Class for Marine Machinery at the Akita Prefectural. 1968 - 1969 Osaka Shipyards AG, Osaka Japan. 1970-1973 stayed in Europe. 1974 - 1979 studied under Prof. Erwin Reiter at the College of Art in Linz, Master Class - Sculpture. 1979 took his diploma with the promotion prize awarded by the Ministry of Education. 1980 - 1983 Lecturer at the Design College in Linz, Master Class - Sculpture. Since 1983 has been a contracted assistant. Since 1985 assistant university lecturer for the Master Class - Sculpture. Austrian citizen. Numerous exhibitions both at home and abroad.

Narozen 1949 v Gojome, Akita (Japonsko). 1965–68 navštěvoval školu Funukawa pro lodní strojníky Akita-Prefectual, 1968–69 Lodní stavby Osaka, a.s., Japonsko. 1970–73 pobyt v Evropě, 1974–79 studium u profesora Erwina Reitera na vysoké umělecké škole v Linci, mistrovská třída sochařství. 1979 diplomní zkouška a zvláštní stipendium ministerstva pro výuku. 1980–83 jako pedagog na Vysoké umělecké škole pro design v Linci, mistrovská třída sochařství. Od r. 1983 asistent na smlouvu, od r. 1985 vysokoškolský asistent mistrovské třídy sochařství. Rakouské státní občanství. Četné výstavy doma i v zahraničí.

Die natürliche Gabelung eines Stammes, besonders wenn sie sich weit auseinanderspreizt, bot sich mehrmals an, um eine Skulptur mit ausgestreckten Armen auszustatten. Der Japaner Makoto macht davon den gegenteiligen Gebrauch. Er will keinerlei menschliche Assoziationen wecken. Daher wählte er zwei Stämme aus, deren Gabelung ganz eng verläuft, einer Bratengabel vergleichbar. Diese verschränkt er ineinander derart, daß in die en face stehende Gabel die zweite sich frontal hinabsenkt. Danach gibt es keine „Gabeln" mehr. Eine ganz neue Form ist entstanden, ein Triplestamm sozusagen, falls noch eine Erinnerung an die ursprünglichen Baumbestandteile wachgehalten werden sollte. Makoto will das keineswegs, und so verblaßt diese Erinnerung bei längerer Betrachtung mehr und mehr. Doch durch einige morsche Einschlüsse, die nicht hinweggeglättet werden konnten, weht noch der Atem des Waldes.

Am Steinbruch 11
4048 Puchenau
Österreich

PAVEL MIZERA

In Hochachtung vor Konrad Lorenz

geboren 1945 in Nová Paka, 1959-63 Kunstglasfachschule Železný Brod bei Prof. Josef Frendlovský, 1964-70 Hochschule für Angewandte Kunst in Prag – Glasatelier von Prof. Stanislav Libenský, 1970-76 Entwerfer im Nationalunternehmen Centrofor in Dolní Poustevna, ab 1976 selbständiger Künstler, Zusammenarbeit mit Projektanten. Orientiert sich besonders am Stein in der Architektur, sein Atelierschaffen ist auf solitäre Stein- und Holzplastik konzentriert, Teilnahme an zahlreichen Symposien.

Letzte Ausstellungen:
1990 Ústí nad Labem - Galerie E. Filla, 1991 Průhonice - Arboretum, „Ecoart M&M"; Plzeň - Rathaus, Ausstellung der Ergebnisse des Symposions in Lenora, Klatovy - Schloß Klenová, Ausstellung der Ergebnisse des Symposions in Lenora; Liberec – Botanischer Garten, „Florart",
1992 Belá pod Bezdězem – Museum, Pirna – „Herbstsalon".

Born in 1945, in Nova Paka. 1959 - 63 attended the artistic glass specialist school in Zelezny Brod under Prof. Josef Frendlovsky. 1964-70 College for Applied Art in Prague - glass atelier of Prof. Stanislav Libensky, 1970-76 designer in the national enterprise Centrofor in Dolni Poustevna. As from 1976 freelance artist. Cooperation with project leaders. Orientates himself especially on stone in architecture. His atelier work is concentrated on solitary stone and wooden sculptures. Taken part in numerous symposiums.

Narozen 1945 v Nové Pace, Česká republika.
1959–63 navštěvoval sklářskou průmyslovou školu (prof. Josef Frendlovský), 1964–70 vysokou školu uměleckoprůmyslovou, ateliér skla u prof. Stanislava Libenského. 1970–76 návrhář v národním podniku Centroflor v Dolní Poustevně, od r. 1976 samostatný umělec. Spolupráce s projektanty. Orientuje se zvláště na kámen v architektuře. Jeho ateliérová tvorba se koncentruje na solitérní plastiky z kamene a dřeva. Účast na četných sympoziích.

407 82 Dolní Poustevna 346
Tschechische Republik

RUTA MOLIN / ADOLF PANITZ

Studium an der Kunstakademie Krakau 1956-1962, 1962 Diplom, seit 1962 Mitglied des Polnischen Künstlerverbandes, Arbeiten in Museen, im Privatbesitz und im Ausland. Teilnahme am 2. Internationalen Bildhauersymposion Schwarzenberg, Oberösterreich. Zusammenarbeit an Projekt und Ausführung des Bildwerks „Janus-Signal" mit Adolf Panitz.

Studium na umélecké akademii v Krakově 1956–62, 1962 diplom, od r. 1962 člen svazu polských umělců. Práce zastoupeny v muzejích, v soukromém majetku a v zahraničí. Účast na 2. mezinárodním sochařském sympoziu ve Schwarzenbergu v Horním Rakousku. Spolupráce s Adolfem Panitzem na projektu a provedení obrazového díla „Janus-Signal".

Studied at the Academy of Art in Krakau from 1956 - 1962. Received her diploma in 1962. Since 1962 has been a member of the Polish Artists' Association. Collections in museums, private-owned and abroad. Took part in the 2nd International Sculpture Symposium in Schwarzenberg, Upper Austria. Collaboration on the project and execution of the sculpture „Janus-Signal" with Adolf Panitz.

Signal des Janus

1957 - 1963 Studium an der Kunstakademie zu Krakau, Diplom 1963, seit 1963 Mitglied des Polnischen Künstlerverbandes, Bildwerke in Kirchen, im Privatbesitz, in Museen und im Ausland, Zusammenarbeit mit Ruta Molin an Projekt und Ausführung des Bildwerks „Janus-Signal".

1957–63 studium na umělecké akademii v Krakově. Diplom 1963, od r. 1963 člen svazu polských umělců. Obrazová díla v kostelích, v soukromém majetku, v muzejích a v zahraničí. Spolupráce s Rutou Molinem na projektu a provedení obrazového díla „Janus-Signal".

1957 - 1963 studied at the Academy of Art in Krakau. Received his diploma in 1963. Since 1963 has been a member of the Polish Artists' Association. Sculptures in churches, private collections, in museums and abroad. Collaboration with Ruta Molin on the project and execution of the sculpture „Janus-Signal"

Ruta Molin
ul. Poprzeczna 5
45-439 Opole
Polen

Adolf Panitz
ul. Poprzeczna 5
45-439 Opole
Polen

MARIA MOROZ

Temple I

geboren in Krakau, 1976-81 Studium an der Krakauer Akademie für Bildende Kunst bei Prof. A. Hajdecki, Fachrichtung Skulptur, Diplom 1981, bedient sich der Mittel der Skulptur, Collage, Malerei und Zeichnung.

Seit 1987 Einzelausstellungen in Polen und Dänemark, Teilnahme an Gemeinschaftsausstellungen ab 1981 in Polen, Deutschland, Italien und Dänemark, 1987 Förderungspreis der Stadt Krakau, 1989 des polnischen Kunst- und Kulturministeriums.

Werke in öffentlicher Sammlung und Privatsammlungen:
1988 Auftragsarbeit - Gedenkmedaille II International Igrzyska Polonije in Zakopane,
1989 Auftragsarbeit für die Krakauer Philharmonie,
ständig ausgestellte Werke in der Krakauer Philharmonie, im Krakauer Rathaus, in der Sammlung des Kultursymposions „M", Iserlohn, Deutschland, am Centro Dantesco, Ravenna, Italien und in verschiedenen privaten Sammlungen in Kanada, Frankreich, Schweden, Dänemark und Deutschland.

Born in Krakau (Poland). 1976-81 studied at the Krakau Academy for Graphic Art under Prof. A. Hajdecki, specialist field - sculpture. 1981 diploma. Makes use of the medium of sculpture, collage, painting and drawing. Since 1987 one-man exhibitions in Poland and Denmark. Taken part from 1981 in collective exhibitions in Poland, Germany, Italy, Denmark. 1987 promotion prize of the City of Krakau, and in 1989 from the Polish Ministry for Art and Culture.

Narozena v Krakově, 1976–81 studium na krakovské akademii nýtvarných umění u prof. A. Hajdecki, zaměření na skulpturu. Diplom 1981, zabývá se skulpturou, koláží, malbou a kresbou. Samostatné výstavy v Polsku a Dánsku. 1987 zvláštní stipendium města Krakov a 1989 stipendium polského ministerstva umění a kultury.

Maria kommt aus Krakau, der Stadt der 100 Kirchen. Das mag sie herausgefordert haben, eine Kultsäule hinzustellen, älter als alle Kirchen und jünger zugleich. Sie trägt einen goldbronzierten Helm, und in ihrem Rumpf finden sich magische Zeichen und Buchstaben eingeschnitten, die sämtlich golden schimmern. Man möchte wünschen, dieser Stele überraschend auf einer Waldlichtung zu begegnen, um in ungestörter Einsamkeit ihre geheimnisvolle Botschaft zu enträtseln. Am Abend zuvor kündigte das Zweite Deutsche Fernsehen eine Sendung an mit dem Titel: „Museum oder Mausoleum – wo bleibt die moderne Kunst?" Sie sollte unter Menschen zu finden sein, denn einzig dort bleibt sie lebendig.

ul. Wroclawska 14/7
30-006 Krakow
Polen

HARTWIG R. MÜLLEITNER

Grenzgang – eine Reflexion auf die von Holz geprägte Landschaft des Oberen Mühlviertels

geboren 1968 in Graz, aufgewachsen in Salzburg, 1984-1988 Fachschule für Holz- und Steinbildhauer Hallein, 1988 Student der Hochschule für Gestaltung, Meisterklasse Bildhauerei bei Professor Erwin Reiter.

Letzte Ausstellungen:
1991 Ausstellungsbeteiligung Interieur Wien, Aufstellung zweier Skulpturen im Park St. Virgil, 1992 Internationales Bildhauersymposion Schwarzenberg, Ausstellung Dunzendorfer Kunsthalle, Hellmonsödt

Born in 1968, in Graz. Grew up in Salzburg. 1984 - 1988 attended the college for wood and stone sculpture in Hallein. 1988 commenced studies at the Design College, Master Class - Sculpture under Prof. Erwin Reiter.

Narozen 1968 v Grazu, Rakousko, vyrůstal v Salzburgu. 1984–88 průmyslová škola řezbářská a sochařská v Halleinu. 1988 student vysoké umělecké školy designu, mistrovská třída sochařství u profesora Erwina Reitera.

Bayernstraße 8
5020 Salzburg
Österreich

MARIAN NOWAK

Sonnenaufgang

geboren 1921 in Lissa (Leszno), seit 1948 Studium an der Staatlichen Höheren Schule der Künste in Breslau, Professor Anton Mehl, 1952 an der Akademie der Schönen Künste in Krakau, Professor Xaver Dunikowski, Diplom 1955, Spezialgebiet: Metallbildhauerei, seit 1955 Mitglied des Polnischen Künstlerverbandes und Träger des Goldenen Abzeichens dieses Verbandes.

Einzelausstellungen in Polen, 24 Gruppenausstellungen u.a. in Potsdam, Bielgorad, Müllheim (Westfalen) und Budapest, Biennale: Skulpturen in Metall in Warschau 1969, Symposion in Zrenjamin, Jugoslawien, 1980, Schöpfer zahlreicher Denkmale, z.B.: Denkmal für Kriegsgefangene in Lamsdorf (Lambinowice), Denkmal für die KZ-Opfer in Prudnik, zweimalige Auszeichnungen für schöpferische Leistungen in der „Monumental-Bildhauerei".

Born in 1921, in Lissa (Leszno). From 1948 studied at the State College of Arts in Breslau under Prof. Anton Mehl. 1952, Academy of Fine Arts in Krakau under Prof. Xaver Dunikowski. Diploma awarded in 1955. Specialist field: metal sculpture. Since 1955 has been a member of the Polish Artists' Association and holder of the Golden Award of this association.

Created numerous monuments e.g. Monument to the Prisoners of War in Lamsdorf (Lambinowice), Monument for the Victims of the Concentration Camp in Prudnik, twice honoured for creative achievements in „monumental sculpture".

Narozen 1921 v Lešně, Polsko. Od r. 1948 studium na státní vyšší umělecké škole ve Vroclavi (prof. Anton Mehl), 1952 studium na akademii krásných umění v Krakově, prof. Xaver Dunikowski. Diplom 1955. Specializuje se na kovosochařství. Od roku 1955 člen polského svazu umělců. Nositel zlatého odznaku tohoto svazu. Tvůrce četných pomníků, např. pomník válečným zajatcům v městě Lambinowice, pomník obětem koncetračního tábora v Prudniku. Dvě ocenění za tvůrčí výkony v oblasti monumentální skulptury.

ul. Wilsona 88
45-429 Opole
Polen

TERJE OJAVER

geboren 1955 in Tallinn, 1979-1985 Kunstuniversität Tallinn, Abteilung Bildhauerei, seit 1984 zahlreiche Ausstellungen in Estland, Litauen, Finnland, Rußland und Australien, Mitglied der Künstlervereinigung von Estland.

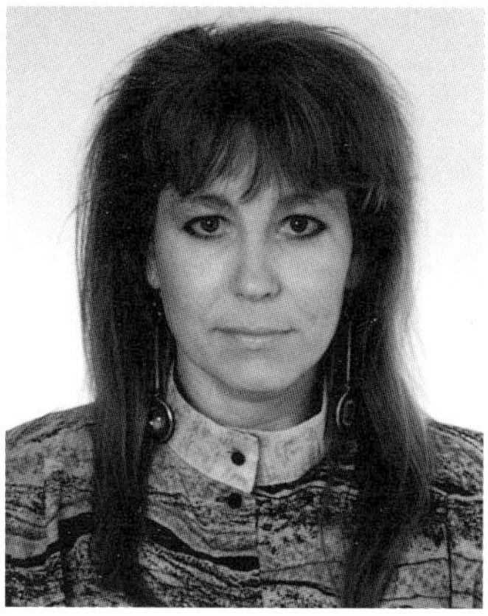

Narozen 1955 v Tallinu. 1979–85 navštěvoval uměleckou univerzitu v Tallinu, oddělení sochařství. Od roku 1984 četné výstavy v Estonsku, Litevsku, Finsku, Rusku a v Austrálii. Člen svazu umělců Estonska.

Gartenzaun mit Leiter

Born in 1955, in Tallinn. 1979 - 1985 attended the University of Art in Tallinn, department sculpture. Since 1984, numerous exhibitions in Estonia, Lithuania, Finland, Russia and Australia. Member of the Estonian Artists' Association.

Zwei

Terje aus Tallinn nagelte Latten zusammen. Es entsteht eine Art Leiter, aber sie eignet sich nicht, um darauf irgendwo hinaufzuklettern. Zumal sie auf der Seite liegt und ungleich lange Sprossen aufweist. Das Ganze ähnelt mehr der Tastatur eines Xylophons, nach dem Griechischen xylon = Holz und phon = Ton. Die breiten Lamellen strich Terje rot an. Welche Musik hört die Estin auf diesem Instrument?

Die Estin Terje fügte der Kollektion der Paare ein weiteres Stück hinzu. Sie schuf es mit einfachsten Mitteln. Zwei manns- bzw. fraushohe Bohlen verschraubt sie vis-à-vis auf einem Sockel. Die Bretter sind dunkelbraun gebeizt. Das Profil der Gesichter des Bretterpaares markiert ein Strich weißer Farbe. Ein Astloch kennzeichnet jeweils das Auge, mit dem sie einander mustern. Sie halten sich auf Distanz. Das sollte der Betrachter auch tun. Denn falls er näher herantritt, befällt ihn ein Unbehagen. Beider Blick geht ins Leere.

Videviku 16-26
0007 Tallinn
Estland

DAGMAR ORTMAIR

seit 1987 Studium der Bildhauerei bei Professor Erwin Reiter an der Kunsthochschule in Linz,
1991 Projektarbeit „Ein Auge für ein Ohr", Gemeinschaftsausstellung/ Kaarstraße, Linz und Projekt „Tier-Art", Galerie Waxenberg in Altenfelden, 1992 Seminararbeit, Lithographiewerkstatt Linz, 1992/1993 Projektarbeit „1 x 1 + 1", Gemeinschaftsausstellung im Offenen Kulturhaus, Linz.

Od r. 1987 studium sochařství u profesora Erwina Reitera na vysoké umělecké škoile v Linci.
1991 projekt „Oko pro ucho", účast na společné výstavě v Kaarstrasse v Linci, projekt „Tier-Art", Galerie Waxenberg v Altenfeldenu. 1992 seminární práce, litografická dílna v Linci, 1992/93 práce na projektu „1 x 1 + 1", společná výstava v domě kultury v Linci.

Has been studying sculpture under Prof. Erwin Reiter at the College of Art in Linz since 1987.
1991, project work „One Eye for an Ear". Collective exhibition/Kaarstr, Linz and project „Tier-Art", gallery Waxenberg in Altenfelden. 1992 seminar work, lithographic workshop, Linz. 1992/1993 project work „1 x 1 + 1", collective exhibition in the „Offenes Kulturhaus", Linz.

Kapuzinerstraße 11 a
4020 Linz
Österreich

Tür

geboren 1947 in Vilnius (Litauen), 1959-63 Kunstschule, 1969-75 Kunstakademie Vilnius, Diplom, seit 5 Jahren freischaffender Künstler, mehrere Preise bei Wettbewerben, erster Preis im Litauischen Wettbewerb der Medailleure (1991), Teilnahme an zahlreichen Ausstellungen in der Sowjetunion, Deutschland und Lettland.

Werke in öffentlichen Sammlungen und Privatsammlungen:
M. K. Ciurlionis Kunstmuseum, Kaunas, Litauen; Museum Litauischer Kunst, Vilnius; Litauische Kunstsammlung; Sammlung russischer Kunst; Privatsammlung Mrs. J. Radic, Toronto (Kanada).

Öffentliche Arbeiten:
Monument K. Klimavicius, Alytus, Litauen

Born in 1947, in Vilnius (Lithuania). 1959-63 Art School. 1969-75 Art Academy in Vilnius. Diploma. Several prizes in competitions. Taken part in numerous exhibitions in the Soviet Union, Germany and Latvia.

Narozen 1947 ve Vilniusu (Litva). 1959 umělecká škola, 1969–75 umělecká akademie ve Vilniusu, diplom. Několik cen v uměleckých soutěžích. Účast na četných výstavách v Sovětském svazu, Německu a Litvě.

Das Paar als Thema: ein heikles Sujet. Leonas aus Vilnius legt bei der Gestaltung seines Paares keinen Wert auf Schönheit im klassischen Sinn. „Denn das Schöne ist nichts, als des Schrecklichen Anfang", schreibt Rilke, der nicht weit von hier in Prag das Licht der Poesie erblickte, in seiner ersten Duineser Elegie. Das Zitat ist gerade in diesem thematischen Zusammenhang am Platze. Bei dem Paar von Leonas sieht man nichts Abgerundetes. Jede der beiden Figuren, die einander zugewandt in etwa menschlicher Lebensgröße sich gegenüber stehen, wurde aus rechteckigen Klötzen aufgebaut. Die Klötze sind, damit sie nicht bei leisestem Anstoß auseinanderfallen, in solide Rahmen eingefügt. Die Stabilität der beiden Partner bleibt jedoch labil. Was sie miteinander verbindet, zeigt ein einfaches Brett an. Es kann sowohl Gefühle beinhalten als auch nichts anderes sein als ein Stück Holz. Es kann das Erstere der Fall gewesen und das Letztere geworden sein. Somit hat Leonas sein Paar hinreichend charakterisiert. Und was auf den ersten Blick eher abstrakt anmutet (ohne anmutig zu sein), ist völlig naturgetreu.

Karoliniskiu 42-131
2044 Vilnius
Litauen

ELISABETH RATHENBÖCK

geboren 1966 in Linz, 1985-1988 Studium der Architektur, TU Wien, seit 1989 Studium an der Hochschule für Gestaltung, Meisterklasse Bildhauerei bei Professor Erwin Reiter.

Letzte Ausstellungen:
1990 „Ein Auge für ein Ohr", temporäre Galerie, Linz, 1991 Galerie Waxenberg, Turmprojekt, 1992 Einzelausstellung in der Galerie M, Linz, Schlägl Kunstmeile, Gemeinschaftsarbeit Rathenböck/Bauer, Galerie Kopp „enterprise", Rathenböck/Bauer.

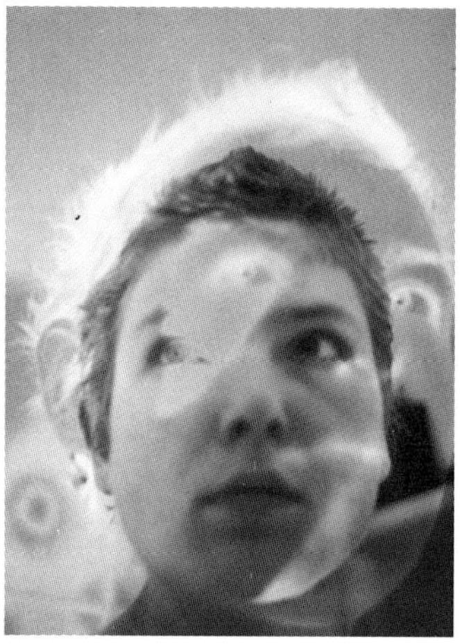

Narozena 1966 v Linci
1985–88 studium architektury na technické univerzitě ve Vídni, od r. 1989 studium na vysoké škole pro design, mistrovská třída sochařství u profesora Erwina Reitera.

Born in 1966, in Linz.
1985-1988 studied architecture at the Technical University in Vienna. Since 1989 has been studying at the Design College, Master Class - Sculpture, under Prof. Erwin Reiter.

Ferihumerstraße 62
4040 Linz
Österreich

Je mehr das Symposion dem Ende zugeht, um so mehr tut Beeilung not, die fertigen Produkte noch rechtzeitig zu erfassen. Hier stand gestern eine schlanke Säule, von einem roten Herz gekrönt. Wo blieb sie? Wer möchte nicht dem Herzen Verehrung zollen? Der Regen vertreibt die Künstler in Garagen und Zelte. Da verschreckt im Vorbeigehen eine Figur, deren Herz offensichtlich zu schlagen aufhörte. Sie wird mit Anthrazit, der Farbe der Fäulnis besprüht.

LADISLAV REKTORIS

geboren 1929 in Rosenberg/Moldau, 1955 Diplom an der Akademie der bildenden Künste in Prag, seit dieser Zeit Maler, Bildhauer und Grafiker, freischaffender Künstler.
Große Zahl an Einzelausstellungen, Teilnahme an vielen Gemeinschaftsausstellungen im In- und Ausland. Viele Werke befinden sich in öffentlichem und privatem Besitz.

Narozen 1929 v Rožmberku nad Vltavou, 1955 diplom na akademii výtvarných umění v Praze. Od té doby malíř, sochař a grafik, nezávislý umělec. Velké množství samostatných výstav, účast na mnoha společných výstavách doma i v zahraničí. Řada jeho děl je ve veřejném i soukromém majetku.

Born in 1929, in Rosenberg/Moldau. In 1955 received his diploma from the Academy of Graphic Arts in Prague. Since then he has been working as a painter, sculptor, graphics and freelance artist.
Large number of one-man exhibitions. Has taken part in many collective exhibitions both at home and abroad. A number of his works are both public and private-owned.

Na Valech 8
160 60 Praha
Tschechische Republik

Ladislav aus Luz meißelt aus seinem Stamm lauter Waldkobolde heraus. Wo anders können sie auch stecken als in den Bäumen? Ihr neckisches Treiben verleiht dem massiven Holz eine Leichtigkeit, die ihm sonst nicht eignet. Wer diese lebenssprühende Säule umkreist, vermeint sogar, Gelächter zu hören. Tatsächlich sieht man lachende Münder. Wie gut, daß es Bäume gibt, die noch etwas zu lachen haben.

ELISABETH RIEPL

Nach dem Abitur 3 Jahre Holzbildhauerlehre, Abschluß 1991, seither Studium (Kunsterziehung, Kunstgeschichte, Volkskunde) an der Universität Passau.

Po maturitě se 3 roky učila řezbářství, ukončila 1991. Od té doby studium na univerzitě v Pasově (výtvarná výchova, dějiny umění, občanská nauka).

After being awarded her Final School Leaving Certificate she took a three year apprenticeship in wood sculpture. Since completing this in 1991 she has been studying (art training, history of art, folklore science) at the University of Passau.

Tannenweg 1
94209 Regen
Deutschland

MIRCEA ROMAN

geboren 1958 in Tîrgu Lapus, Maramures, Rumänien
1984 Abschluß des Instituts für Bildende Künste „Ion Andreescu" in Cluj, Abteilung Bildhauerei.

Letzte Ausstellungen:
„Terrakotta", Galerie „Simeza", Bukarest 1991
„Vermögen einer Oberfläche", Galerie „Simeza", Bukarest 1991
Ausstellung „Zustand ohne Titel", Timisoara 1991
Ausstellung Rumänischer Gegenwartsmalerei und -bildhauerei, Malines, Belgien 1991
Ausstellung von Bildhauerzeichnungen, Budapest 1992
„Skulptur-Triennale", Osaka 1992

Kunstpreise:
Preis „Atelier 35" für Bildhauerei 1988
Preis der Jugend, vergeben vom Verband der Rumänischen Bildenden Künstler 1990
Großer Preis auf der „Skulptur-Triennale", Osaka 1992

Born in 1958, in Tigru Lapus, Rumania.
1984 finished at the Institute for Graphic Arts „Ion Andreescu" in Cluj. Department - sculpture.

Narozen 1958 v Tigru Lapus, Rumunsko.
1984 absolvoval na institutu výtvarných umění Iona Andrescu v Cluji, oddělení sochařství.

Der Wanderer durch Europa

Mindestens 10 Tage lang nagelte Mircea aus Bucarest Latten zusammen. Erste Vermutungen zielen darauf ab, daß hieraus ein Wachtturm entsteht, wie sie einst die Grenzen zwischen Ost und West markierten. Aber als Mircea am unteren Ende seines langen, liegenden, nach hinten ansteigenden Kastens zwei Füße anbringt, schafft er neue Verwirrung. „Füße" ist allerdings zu verniedlichend, „Quadratlatschen" wäre zu frivol ausgedrückt, deutet aber die Dimensionen an. Erst am letzten Tag bekennt Mircea Farbe. Es müssen Farben der Verwesung sein, die von einem dahingestreckten Körper phosphoreszierend aufleuchten. Am Kopfende wird eine schmale Treppe sichtbar. „Über Gräber vorwärts" lautete einmal eine deutsche Parole aus heroischen Zeiten. „Über Opfer aufwärts" könnte des Rumänen Hoffnung ausdrücken.

Strada Stefan Furtuna 25
70784 Bucuresti
Rumänien

EVA ROUČKA

geboren 1951 in der Tschechoslowakei, Ausbildung an der Prager Kunstschule für Design und an der Staatlichen Hochschule für Keramik sowie an der Hochschule für Kunst und Design in Paris, lebt in Frankreich. Ab 1981 Teilnahme an Ausstellungen in der Schweiz, in Frankreich, in den USA, in Deutschland, in Finnland und in der Tschechoslowakei, zahlreiche internationale Preise für Holzskulpturen und Keramiken in Mexiko, Frankreich und Japan.

Letzte Ausstellungen:
1991 Kemijärvi, Finnland
Gallery Maruska, Lyon, Frankreich
1992 Tschechoslowakei
Nyon, Schweiz

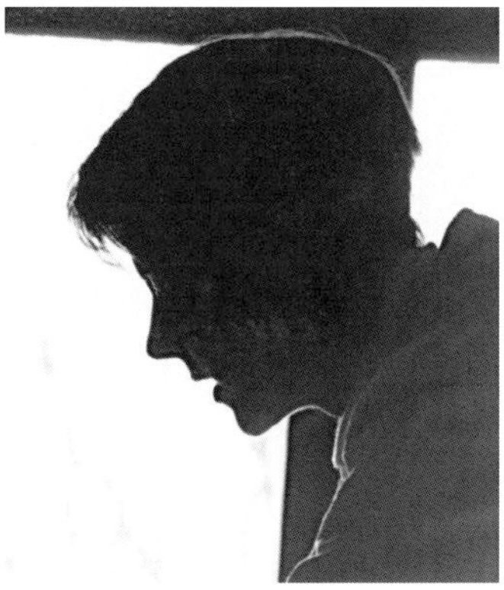

Narozena 1951 v Československu. Studium na střední uměleckoprůmyslové škole v Praze, na státní vysoké škole pro keramiku a na vysoké škole umění a designu v Paříži, žije ve Francii.
Od roku 1981 účast na výstavách ve Švýcarsku, ve Francii, v USA, v Německu, ve Finsku a v Československu. Četné mezinárodní ceny za dřevěné skulptury a keramiku (Mexiko, Francie, Japonsko).

Born in 1951, in Czechoslovakia, educated at the Prague Art School for Design and at the State College for Ceramics as well as at the College of Art and Design in Paris, lives in France.
From 1981 took part in exhibitions in Switzerland, France, USA, Germany, Finland and in Czechoslovakia. Numerous international prizes for wood sculptures and ceramics in Mexico, France and Japan.

Das Paar als Thema: ein delikates Sujet. Eva aus Frankreich stellt einen Koitus dar. Honni soi qui mal y pense. Die Skulptur kann jedoch durchaus als jugendfrei gelten. Ganz abgesehen davon, daß die heutige Jugend diesbezüglich wesentlich drastischere Darstellungen gewöhnt ist. So vordergründig erschließt sich Evas Werk ohnehin nicht. Wie sie ihren Stamm zersägt, zerhackt und ausgehauen hat, läßt zunächst eher erahnen, daß sich hier zwei Körper vereinigen. Am deutlichsten weisen darauf noch die angedeuteten Köpfe hin. Der Voyeur dürfte vergebens nach primären oder sekundären Geschlechtsmerkmalen suchen. Solche haben schließlich auch nur einen untergeordneten funktionalen Rang. In erster Linie gilt der Koitus als Erfüllung von Sehnsüchten. Davon will Eva – von wegen nomen est omen! – jedoch nicht das Geringste erkennbar machen. Vielmehr findet eher eine gegenseitige Zerfleischung statt. Die Sehnsucht wird als Begierde entlarvt. Und mit dem Fleischlichen hat der Vorgang zweifellos zu tun. Ob manchmal oder oft oder gar immer, mag jedes Paar für sich selbst entscheiden. Es überrascht, daß solches mit derart sprödem Material wie Holz einsichtig gemacht werden kann. Aber je tiefer man in das Hintergründige dieser ineinander verschlungenen, kaum sich voneinander abgrenzenden und nicht mehr zu trennenden Körper eindringt, um so mehr festigt sich die Überzeugung: dies darzustellen gelingt offenbar mit natürlich gewachsenem Holz am besten.

Combenoire
26100 Romans
Frankreich

GRAZYNA SANIGORSKA-BANASIK

geboren 1958 in Warschau, 1981 - 1986 Bildhauerklasse der Kunstakademie in Warschau, Diplom 1986, Teilnahme an verschiedenen Symposien: 1978 Zalesne Gorne, 1988 Bocheniec, 1989 Zgon, Bocheniec, Krynica Morska, 1992 Symposien polnischer Skulptur (Bronze und Keramik) in Oronsko. Seit 1989 Mitglied der Polnischen Künstlervereinigung.

1990 Einzelausstellung in der Galerie für junge Künstler Warschau.

Narozena 1958 ve Varšavě. 1981—86 třída sochařství na umělecké akademii ve Varšavě, diplom 1986. Účast na různých sympoziích: 1978 Zalesne Gorne, 1988 Bocheniec, 1989 Zgon, Bocheniec, Krynica Morska, 1992 Sympozium polské skulptury (bronz a keramika) v Oronsku. Od r. 1989 člen svazu polských umělců.

Ikarus

Born in 1958, in Warsaw, 1981 - 1986 sculpture-class at the Academy of Art in Warsaw, received her diploma in 1986, taken part in numerous symposia: 1978 Zalesne Gorne, 1988 Bocheniec, 1989 Zgon, Bocheniec, Krynica Morska, 1992 symposium of polish sculpture (bronze and ceramics) in Oronsko. Since 1989 she has been a member of the Polish Artists' Association.

Mlynarska 25 m 17
01-175 Warszawa
Polen

Neben Mariateresa schlägt Grazyna aus Warschau eine Engelsfigur aus einem stark verzweigten Stamm. Die Flügel, in den Formen grob belassen und eher angedeutet, wirken zu schwer, als daß ihnen große Schwungkraft zuzutrauen wäre. Eher der vage Wunschtraum eines Engels scheint zu entstehen als ein Engel selbst. Doch der Kopf ist feiner ausgeführt. Ein menschliches Gesicht. Das weckt die Hoffnung auf das Erscheinen eines Glück verheißenden Engels, der vorerst noch wie gelähmt am Boden liegt.

BARNA VON SARTORY

geboren 1927 in Pécs, Ungarn, 1945-1951 Architekturstudium an der TH Budapest, verläßt Ungarn 1956, 1956-1961 Studium der Bildhauerei an der Akademie für Angewandte Kunst Wien, Prof. Hans Knesl, 1963 Meisterschüler bei Prof. Karl Hartung, Berlin, 1963 Mitglied des Symposiums Europäischer Bildhauer St. Margarethen, seit 1963 als freischaffender Bildhauer und Architekt tätig, 1975-1982 Planung des Mathematischen Instituts für die TU Berlin, Zusammenarbeit mit Georg Kohlmaier, 1979 Promotion an der Universität Dortmund im Fach Ingenieurwesen, 1981 Buchpublikation zusammen mit Georg Kohlmaier: Das Glashaus. Ein Bautyp des 19. Jahrhunderts, Prestel Verlag, München.

Realisierte Großplastiken in Österreich, in der BRD, Berlin, Jugoslawien, in der CSFR und in den USA, zahlreiche Ausstellungen im In- und Ausland, Teilnahme an mehreren Bildhauersymposien: 1963 St. Margarethen, Österreich, 1964 Reichstagsgelände Berlin, 1965 Ruszbachi, CSFR, 1967 Mährisch-Ostrau, CSFR, 1970 Raune, Jugoslawien, 1972 Proctor, Vermont/USA, mehrere Arbeiten im Bereich Integration von plastischer Gestaltung und Architektur, langjährige Zusammenarbeit mit den Architekten Busmann/Haberer, Köln: Gesamthochschule Bad Godesberg, Musikhochschule Köln, Konzertsaal im Wallraf-Richartz-Museum/Museum Ludwig, Köln.

Born in 1927, in Pecs, Hungary. From 1945 - 1951 studied architecture at the Technical University in Budapest. Left Hungary in 1956. From 1956 - 1961 studied sculpture at the Academy for Applied Art in Vienna under Prof. Hans Knesl. In 1963 he was a Master Student under Prof. Karl Hartung in Berlin. In 1963 was a member of the Symposium of European Sculptors in St. Margarethen. Since 1963 has been working as a freelance sculptor and architect. 1975-1982 planning of the Mathematics Institute for the Technical University in Berlin. Cooperation with Georg Kohlmaier. 1979 graduation from the University of Dortmund in the field of engineering. 1981 published a book together with Georg Kohlmaier: The Glass House. A Construction Type from the 19th Century, Prestel Verlag, Munich.

Has realized large-scale sculptures in Austria, FRG, Berlin, Yugoslavia , Cs and in the USA. Numerous exhibitions at home and abroad. Has taken part in several sculptor symposiums: 1963 St. Margarethen, Austria. 1964 Reichstagsgelände, Berlin. 1965 Ruszbachi, Cs. 1967 Moravian-Ostrau, Cs. 1970 Raune, Yugoslavia. 1972 Proctor, Vermont, USA. Several works in the field of integration of sculpture design and architecture. Many years of collaboration with the architects Busmann/Haberer, Cologne: Gesamthochschule, Bad Godesberg, Music College, Cologne, Concert Hall in Wallraf-Richartz-Museum/Museum Ludwig, Cologne.

Narozen 1927 Pécs, Maďarsko. 1945–51 studium architektury na vysokém učení technickém v Budapešti. Opouští Maďarsko v r. 1956, 1956–61 studium sochařství na akademii užitého umění ve Vídni u prof. Hanse Knesla. 1963 žák prof. Karla Hartunga, Berlín. 1963 členem sympozia evropských sochařů v St. Margarethen. Od r. 1963 je činný jako nezávislý sochař a archtitekt. 1975–82 projekt Institutu matematiky pro technickou univerzitu v Berlíně. Spolupráce s Georgem Kohlmaierem, 1979 inženýrská promoce na univerzitě v Dortmundu. 1981 společně s Georgem Kohlmaierem knižní publikace: Das Glashaus (Skleněný dům). Typ stavby 19. století. Nakladatelství Prestel, Mnichov.

Realizované velké plastiky v Rakousku, Německu, v bývalé Jugoslávii, v České a Slovenské republice a v USA, četné výstavy doma i v zahraničí, účast na mnoha sochařských sympoziích: 1963 St. Margarethen, Rakousko; 1964 území u Říšského sněmu v Berlíně; 1965 Ružbachy, Československo, 1967 Moravská Ostrava, Československo; 1970 Raune, Jugoslávie; 1970 Proctor, Vermont/USA. Četné práce v oblasti integrace plastiky v architektuře. Dlouholetá spolupráce s architekty Busmannem a Habererem (Kolín nad Rýnem): vysoká škola v Bad Godesbergu, vysoká hudební škola Kolín nad Rýnem, koncertní sál v museu Wallraf-Richartz a muzeu Ludwig v Kolině nad Rýnem.

Fontanepromenade 3
10967 Berlin
Deutschland

MANFRED SCHÖLLER

geboren 1961 in Braunau, Ausbildung als Werkzeugmacher, ab 1981 mehrmonatige Reisen nach Asien und Australien, seit 1988 Holzschmuck und Wandmosaike (Autodidakt), seit 1992 Studium der Bildhauerei an der Kunsthochschule Linz bei Prof. Erwin Reiter.

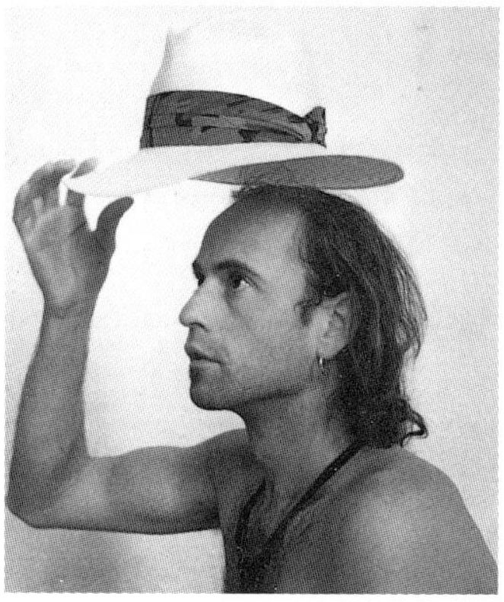

Narozen 1961 v Braunau. Vyučen nástrojářem. Od r. 1981 několikaměsíční cesty do Asie a Austrálie. Od r. dřevěné šperky a nástěnné mozaiky (autodidakt), od r. 1992 studium sochařství na vysoké umělecké škole v Linci u prof. Erwina Reitera.

Born in 1961, in Braunau. Trained as a tool maker. Since 1981 has spent several months travelling in Asia and Australia. Since 1988, wooden jewellery and wall mosaics, auto-didact. Since 1992 has been studying sculpture at the College of Art in Linz under Prof. Erwin Reiter.

Manfred aus Altheim nimmt sich mit Fleiß verfaulte Stämme erklecklichen Durchmessers vor. Er höhlt und fräst sie vollends aus und sieht sich nach einigen Tagen von hölzernen Kesseln verschiedener Größe umgeben. Kochen läßt sich in ihnen nichts, allein weil ihnen der Boden fehlt. Die unterschiedliche Größe ergibt sich nicht willkürlich, sondern ist vorher genau vermessen. Denn Manfred steckt diese Kessel ineinander, den kleineren in den größeren und so mehrmals. Das System entspricht jenem der russischen Puppen in der Puppe. Doch hier verschwinden die kleineren Teile nicht in den größeren, sondern lassen diese vielmehr wachsen. Zuletzt steht so etwas wie eine übermannshohe hölzerne Blume da, ein Gewächs, wie es nur in Märchenwäldern gedeihen kann. Manfred krönt das Ganze mit einer Kugel. Mag jeder Kopf eine Kugel sein, muß doch nicht jede Kugel einen Kopf darstellen. Wir möchten sie als Stempel jener Wunderpflanze deuten, der auf Befruchtung wartet.

Schatzdorferstraße 14
4950 Altheim
Österreich

JOHANN SCHRAMM

geboren 1941 in Haslach, Ausbildung beim akademischen Bildhauer Alfred Lackner, arbeitete später beim akademischen Restaurator Harald Seyerl auf Burg Piberstein. Um das erlangte Wissen zu vervollständigen, besuchte er die Meisterklasse der Kunsthochschule Linz bei Professor Walter Ritter.

Öffentliche Arbeiten:
Sparkassenbrunnen in Haslach und Bad Leonfelden, Österreich
Kirchentür von St. Wolfgang am Stein, Österreich
Reliefarbeiten in der Hauptschule Helfenberg, Österreich.
Größere Arbeiten in öffentlichem und privatem Besitz.

Narozen 1941 v Haslachu. Vzdělání u akademického sochaře Alfreda Acknera. Později pracoval u akademického restaurátora Haralda Seyerla na hradě Piberstein. Aby si prohloubil získané vědomosti, navštěvoval mistrovskou třídu vysoké umělecké školy v Linci u profesora Waltera Rittera.
Rozsáhlejší práce ve veřejném i soukromém majetku.

Born in 1941, in Haslach. Trained under the academic sculptor Alfred Lackner. Later worked with the academic restorator Harald Seyerl at Burg Piberstein. In order to round off the knowledge he had acquired, he attended the Master Class at the College of Art in Linz, under Prof. Walter Ritter.
Greater works are both public and private-owned.

Allmählich mutet die Wiese, auf der anfangs lediglich Baumstämme herumlagen, wie ein mythologischer Hain an. Johann suchte sich einen Stamm aus, der von talergroßen Stellen abgesägter Äste wie von schwarzen Makeln übersät war. Was einmal nach außen ragte, legt er systematisch nach innen frei. Aus dem ausgeschälten Kern des Baumes, dem er sonst die Rinde läßt, drängen nunmehr reihenweise plastische Gebilde hervor, die an weibliche Brüste erinnern. Kein Zweifel: hier stehen wir vor einer archaischen Göttin der Fruchtbarkeit. Wir sind zwar nicht mehr naiv genug, um davor verehrend in die Knie zu sinken. Aber ein magisches Fluidum, das Idole einer längst versunkenen Kultur ausstrahlen, teilt sich mit. Es kann sein, daß Johann bei seiner Arbeit ganz anderen Vorstellungen folgte. Aber Kunstwerke, sobald sie einmal Eigenleben gewonnen haben, sagen sich von ihren Schöpfern los und geben sich wehrlos der Willkür von Betrachtern hin. Das macht ihre fruchtbare Ambivalenz aus.

Wie man sich täuschen kann. Oder nicht? Johann hat, bevor er Schwarzenberg in Richtung Haslach verließ, die Brustwarzen seiner Fruchtbarkeitsgöttin kreuz und quer mit Drähten verbunden. Verkabelte Brüste. Wie desillusionierend. Das Ganze wirkt nun eher wie eine elektrische Energiezentrale. Was aber unterscheidet ein modernes Kraftzentrum wesentlich von einer Göttin? Die uns in einer ovalen Verlängerung des Stammes nach wie vor forschend anblickt? Vermutlich hat Johann sein Eidolon, wie die Griechen ihre Kultbilder nannten, ganz zeitgemäß vom Archaischen ins Barbarische umgepolt. Darauf können auch die ovalen Ausfräsungen hindeuten, die am Fuße des Standbildes an Tabernakel erinnern. Doch diese stehen leer.

Pflaster 13
4170 Haslach
Österreich

SABINE SEISENBACHER

geboren 1967 in Amstetten, seit 1982 Höhere Technische Bundeslehranstalt für Zimmerei in Hallein, seit 1990 Studium an der Kunsthochschule Linz, Abteilung Bildhauerei.

Narozena 1967 v Amstettenu. Od r. 1982 vyšší průmyslová škola tesařská v Halleinu, od r. 1990 studium na vysoké umělecké škole v Linci, oddělení sochařství.

Born in 1967, in Amstetten. As from 1982 attended the Higher Technical College for Carpentry in Hallein. Since 1990 has been studying at the College of Art in Linz, department for sculpture.

Sabine suchte sich einen der längsten Stämme heraus. Forstwirtschaftlich gesehen hat sie es mit einem Mißwuchs zu tun. Um einen dicken Stamm schlingt sich ein dünnerer. Da scheint ein Motiv vorgezeichnet. Vielleicht ein unglückliches Liebespaar. Oder die Heimkehr des verlorenen Sohnes. Ein Poet könnte sich darauf einen Vers machen: „Ich lasse dich nicht, du segnest mich denn!" Sabine schwingt das Beil und treibt den beiden erst einmal jegliche Sentimentalität aus. Sie vereint Formen, die getrennt schienen. Und läßt sie nicht, sie segnen sie denn.

Jetzt erkennen wir genau, daß sich Sabine etwas gedacht hat und was sie sich gedacht hat. Den dicken Stamm, den ein dünner umschlingt, haut sie vierkantig zu, daß die Späne fliegen. Den dünnen läßt sie glatt und rund. Und schon hat der Betrachter ein Aha-Erlebnis. Denn Kunst muß gar nicht kompliziert sein. Eine einfache Idee, vollkommen dargeboten, überzeugt. Denn Kunst – so lautet eine bewährte Regel, nicht allein für Bildhauer – heißt Weglassen.

Winklarn 194
3300 Amstetten
Österreich

JAROSLAV ŠINDELÁŘ

geboren 1950, 1965-1969 Kunstgewerbeschule für Bildhauer und Steinmetze in Horice, ab 1969 Studium an der Akademie der Bildenden Künste in Prag, 1970-1972 Stipendiat an der Akademie der Bildenden Künste in St. Petersburg, 1974 Diplom an der Prager Kunstakademie bei Prof. K. Souček.
Ausstellungen in Österreich, Deutschland, Frankreich, Finnland.

Narozen 1950. 1965–69 uměleckoprůmyslová škola sochařská a kamenická v Hořicích. Od r. 1969 studium na Akademii výtvarných umění v Praze. 1970–72 stipendium na akademii výtvarných umění v Petrohradě, 1974 diplom na pražské umělecké akademii u prof. K. Součka.
Výstavy v Rakousku, Německu, Francii a Finsku.

Born in 1950. 1965 - 1969 attended the Art School for Sculptors and Stonemasons in Horice. From 1969 studied at the Academy of Graphic Arts in Prague. 1970 - 1972 received a grant from the Academy of Graphic Arts in St. Petersburg. 1974 received his diploma from the Prague Academy of Art, under Prof. K. Soucek. Exhibitions in Austria, Germany, France, Finland.

Rooseveltova 20
301 16 Plzeň
Tschechische Republik

Jaroslav aus Pilsen setzt ein Viertel-Kreissegment nicht auf eine Achse, sondern stützt es mit einer verwinkelten Balkenkonstruktion. Wollte jemand in eine solche Skulptur etwas hineingeheimnissen, was sich vermutlich verbietet, könnte sie andeuten, daß ein Rad zu keinerlei Fortbewegung mehr taugt, wenn es dreiviertel seiner Substanz verliert. Oder daß ein Segment genügt, um die Idee eines Rades sichtbar zu machen, die jederlei Fortbewegung ermöglicht. Den Künstler fragen, welche dieser beiden Möglichkeiten ihm vorschwebte, falls überhaupt eine? Man könnte ihm nichts Schlimmeres antun, als sein Werk kommentieren zu müssen. Es soll im Betrachter neu entstehn.

24/30

MARIJONAS ŠLEKTAVIČIUS

geboren 1957 in Vilnius (Litauen), Diplom für Bildhauerei an der Kunstakademie von Vilnius 1981, seit 5 Jahren freischaffender Künstler, Teilnahme an zahlreichen Ausstellungen und Symposien in Litauen, Armenien, Sowjetunion, Ungarn und Deutschland.

Letzte Ausstellungen:
1989 Ausstellung junger litauischer Künstler in der Galerie von Szentendre, Ungarn
1991 Ausstellung Künstler aus Litauen in Deutschland
1992 Personalausstellung in Vilnius

Narozen 1957 ve Vilniusu (Litva). Diplom sochařství na umělecké akademii ve Vilniusu 1981. Posledních pět let nezávislý umělec. Účast na četných výstavách a sympoziích v Litvě, Arménii, Sovětském Svazu, Maďarsku a Německu.

Born in 1957, in Vilnius (Lithuania). Received a diploma in sculpture at the Art Academy in Vilnius in 1981. Has been a freelance artist for 5 years. Taken part in numerous exhibitions and symposiums in Lithuania, Armenia, Soviet Union, Hungary and Germany.

Medeinos 29 - 51
2022 Vilnius
Litauen

JOZEF ŠRAMKA

Ausbildung an der Kunstschule, Fachrichtung Keramik, und an der Akademie für Bildende Kunst von Bratislava.

Letzte Ausstellungen:
1991 und 1992 in Esslingen, Kopenhagen, Krems, Slowakische Nationalgalerie in Bratislava, bei „Ausgewählte Künstler für Eisenskulptur en ville", Paris und Dortmund
Objekte und Installationen.

Vzdělání na uměleckoprůmyslové škole keramické a na Akademii výtvarných umění v Bratislavě.
1990, 1991 a 1992 výstavy v Essslingenu, Kopenhagenu, Kremsu, ve Slovenské národní galerii v Bratislavě, účast na akci „Vybraní umělci pro tvorbu skulptur ze železa en ville", Paříž a Dortmund. Objekty a instalace.

Educated at the Art School in the field of ceramics and at the Academy of Graphic Art in Bratislava.

1990, 1991 and 1992 took part in exhibitions in Esslingen, Copenhagen, Krems, in the Slovakian National Gallery in Bratislava, in „Selected Artists for Iron Sculpture en Ville", Paris and Dortmund, objects and installations.

2 x 15 = 18

Manche stellen genaue Berechnungen an, messen mit Lineal oder Maßband. Die Kunst gehorcht mathematischen Gesetzen. Das macht sie leichter verständlich. Einer schneidet einen Baumstamm in handtellerdicke Scheiben und legt sie danach säuberlich aufeinander. Der Stamm ist wieder, wie er war. Aber nur fast. Erstaunlicherweise ergibt sich: Die Teile sind mehr als das Ganze. Auf welches mathematische Gesetz mag das zurückzuführen sein? Der Künstler verrät es auf dem Fuß einer daneben ragenden schmalen Stange: 2x15= 18. Kunst ist ganz leicht zu verstehen von jedem, der richtig rechnen kann.

*Zahumenna 318,
851 10 Bratislava
Slowakische Republik*

GEORG STIFTER

Die Spitzen der Gesellschaft

geboren 1940 in Linz,
Diplom als Akademischer Graphiker und Maler an der Akademie der Bildenden Künste in Wien bei den Professoren C.L. Martin und M. Melcher;
Lehramt für Bildnerische Erziehung, Werkerziehung und Geschichte.
Seit 1970 Professor an der Pädagogischen Akademie des Bundes in Linz in den Fächern Bildnerische Erziehung und Werkerziehung.
Arbeiten in privatem und öffentlichem Besitz, theoretische Veröffentlichungen in Fachzeitschriften,
Erstellung theoretischer Programme zu reflexivem Selbststudium, Leitung verschiedener Kreativitätsseminare,
Erarbeitung erkenntnistheoretischer Versuchsreihen, Mitglied des Oberösterreichischen Kunstvereines, der Mühlviertler Künstlergilde und der Künstlergruppe Parz.

Narozen 1940 v Linci.
Diplom jako akademický grafik a malíř na akademii výtvarných umění ve Vídni u profesorů C. L. Martina a M. Melchera. Učitelské vzdělání pro výtvarnou výchovu, technickou výchovu a dějepis. Od roku 1970 je profesorem na zemské pedagogické akademii v Linci, obory výtvarná výchova a technická výchova. Práce ve veřejném majetku. Teoretické články v odborných časopisech. Sestavení teoretických programů k reflexivnímu samostudiu, vedení různých seminářů kreativity, vypracování pokusných řad k teorii poznání. Člen hornorakouského uměleckého svazu, umělecké skupiny Mühlviertlu a umělecké skupiny Parz.

Born in 1940, in Linz.
Awarded a diploma as an academic graphics artist and painter at the Academy for Graphic Art in Vienna, under Professors C.L. Martin and M. Melcher. Teachership for artistic training, creative training and history.
Since 1970 has been a teachers' trainer at the „Pädagogische Akademie des Bundes" (Teachers' Training College), in Linz, in the subjects of artistic training and creative training.
Collections both public and private-owned.
Theoretical publications in specialist journals. Has established theoretical programmes for reflexive self-study. Headed various creativity seminars. Compiled series of cognition theory experiments. Member of the Upper Austrian Art Association, the Muhlviertel Art Guild and the artist group „Parz".

Alpha und Omega

Auf und Ab des Lebens

Georg ist ein Magister und Professor obendrein. Das sind Äußerlichkeiten. Das von ihm bearbeitete Holz weist ihn als ironischen Philosophen aus. Ein dicker Ast, dem er weitgehend die gesunde dunkelgraue Rinde läßt, wird treppenförmig eingeschnitten und damit seiner ursprünglichen Schönheit beraubt. Das vollendete Werk weist auf einem davorgelegten kleinen Holzbrett als Titel das „Auf und Ab des Lebens" aus. Beides wirkt gleichermaßen fatal. Zudem lastet dieses Auf und Ab auf ein paar dünnen Zweigen als Beinen, von denen man nicht weiß, wie lange sie das Auf und Ab des Lebens tragen können. Das freilich weiß niemand.

Georg ist auch ein Satiriker. Er hat aus Ästen mit wenigen Handgriffen zwei scheitelhohe Pfosten in etwa drei bis vier Meter Abstand mit einem langen, schlanken, geraden Zweig verbunden. Daran baumeln kleine aufgespaltete Zweigstücke. Das Ganze erinnert an eine Wäscheleine. Der Titel „Die Spitzen der Gesellschaft" macht einsichtig, daß es sich nicht um frisch gewaschene, sondern schmutzige Wäsche handelt.

Streicherstraße 10
4020 Linz
Österreich

DIE STÜTZEN
DER GESELLSCHAFT

GORAN ŠTIMAC

geboren 1959 in Rijeka, 1986 Diplom an der Pädagogischen Hochschule Rijeka, Abteilung Bildhauerkunst, 1988 Diplom an der Akademie der Bildenden Künste in Zagreb, Abteilung Bildhauerkunst, zahlreiche Gruppen- und Einzelausstellungen im In- und Ausland, seit 1992 Gasthörer an der Hochschule für angewandte Kunst in Wien bei Prof. Bertoni.

Öffentliche Arbeiten:
„Jugend" 1987, im Skulpturenpark Zagreb,
Denkmal in Lovran, 1987
Skulptur „Blume" im Cafe des Hotels Imperial Opatija, 1989

Narozen 1959 v Rjece, 1986 diplom na vysoké škole pedagogické v Rjece, oddělení sochařského umění. 1988 diplom akademie výtvarných umění v Zagrebu. Oddělení sochařství. Četné skupinové i samostatné výstavy doma i v zahraničí. Od r. 1992 mimořádný posluchač na vysoké škole užitého umění ve Vídni u prod. Bertoniho.

Born in 1959, in Rijeka. 1986 received his diploma from the Paedagogical College in Rijeka, department - sculpture. 1988 received his diploma from the Academy of Graphic Arts in Zagreb, department sculpture. Numerous collective and one-man exhibitions both at home and abroad. Since 1992, guest student at the University for Applied Art, in Vienna under Prof. Bertoni.

Haus

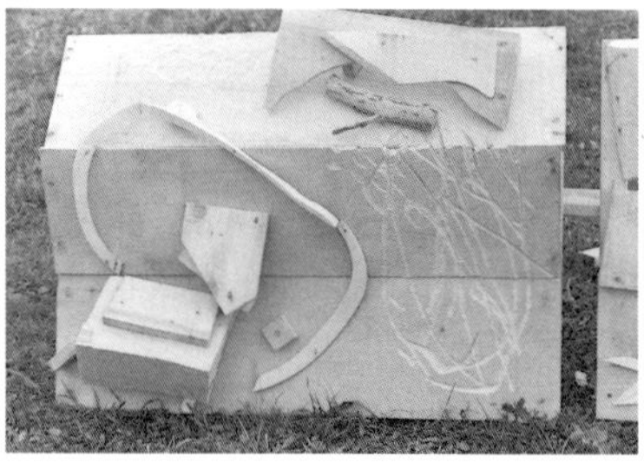

Goran zimmert tagelang an einer Art Verschlag, aus dem ein Hühnerstall werden könnte. Allmählich bilden sich Formen eines Hauses heraus. Ein merkwürdiges Haus. Jedenfalls ein Minihaus. Goran bildet das Modell eines Hauses nach, wie man sie in guten alten Zeiten – falls es solche jemals gab – in Kroatien baute. Solche Häuser gehen Tag für Tag in Flammen auf, vielleicht gibt es solche bald nicht mehr. Auch viel fester gefügte, moderne Häuser fallen der Zerstörung anheim. Goran fügt nicht das Modell eines Hauses zusammen, sondern ein Modell des Menschlichen, das der Unmenschlichkeit preisgegeben wird. Eine Erinnerung an das, was mit jedem Haus unrettbar verloren geht: Geborgenheit.

A. Raspora 24
51410 Opatija
Kroatien

HENRYKA STRONK

1981-1986 Studium an der Kunstakademie Warschau, Diplom für Bildhauerei und Medailleurkunst,
1986 Preisträgerin im Bewerb für Kleinplastiken, Krakau
1988 Preisträgerin im Bewerb der Medailleure, Warschau
1990 Preise für Skulptur und Malerei, Warschau, Finnland, Belgien.

Nahm an Gruppenausstellungen in Polen, Finnland und Belgien teil.

1981–86 studium na akademii umění ve Varšavě, diplom pro obor sochařství a tvorba medailí.
1986 cena v soutěži tvůrců medailí, Varšava.
1990 ceny za skulpturu a malířství, Varšava, Finsko, Belgie.

Ewigkeit

1981 - 1986 Studied at the Art Academy in Warsaw. Diploma in sculpture and medallion art.
1986 Prize winner of the competition for small sculptures, Krakau.
1988 Prize winner of the competition for medallion artists, Warsaw.
Has taken part in collective exhibitions in Poland, Finland, Belgium.

Dawidy Bankowe 29
02-800 Warszawa
Polen

Henryka aus Warschau stellt dem großen Adoranten Mariateresas einen kaum kleineren gegenüber. Aber die zum Himmel gereckten Arme des Flehenden der Polin sind dreifach in Fesseln geschlagen. Eine einzige davon wäre massiv genug, um zu verhindern, daß sie gesprengt werden könnte. Wo Mariateresa Hilfe geradezu erzwingen will, läßt Henryka mit Überdeutlichkeit jegliche Hoffnung fahren.

JASNA ŠUKALO

geboren 1964 in Zagreb, 1989 Diplom an der Akademie der Bildenden Künste in Zagreb, zahlreiche Gruppen- und Einzelausstellungen im In- und Ausland, seit 1992 außerordentlicher Hörer an der Hochschule für angewandte Kunst in Wien.

Narozen 1964 v Zagrebu. 1989 diplom na akademii výtvarných umění v Zagrebu. Četné skupinové i samostatné výstavy doma i v zahraničí. Od r. 1992 mimořádný posluchač na vysoké škole užitého umění ve Vídni.

Born in 1964, in Zagreb. 1989 received his diploma from the Academy of Graphic Arts in Zagreb. Numerous collective and one-man exhibitions both at home and abroad. Since 1992 has been an associate student at the University of Applied Art, in Vienna.

Der Slowene Roman nagelte aus Latten einen kompakten Baukörper zusammen, der ohne weiteres als Bar Verwendung finden könnte. Vielleicht war Roman nach feiern zumute.

Gleich daneben stehen zwei hölzerne Figurinen der Kroatin Jasna aus Zagreb.
Ein buntbemaltes und höchst zerbrechliches Paar.
Ein größerer Kontrast wäre kaum vorstellbar, wenn Jasnas beinahe unwirkliche Geschöpfe wie in einer Karnevalslaune an Romans Bar träten.

L. Stritofa, 18
51000 Zagreb
Kroatien

JÁN ŤAPÁK

geboren 1962 in Bratislava. 1978-82 Ausbildung in Holzschnitzerei an der Kunstgewerbeschule von Bratislava, 1983-89 Studium der Bildhauerkunst an der Akademie für Bildende Kunst in Bratislava.

Von 1989 - 1992 fünf Einzelausstellungen und mehrfache Teilnahme an Gemeinschaftsausstellungen im In- und Ausland.

Narozen 1962 v Bratislavě. 1978–82 studium na uměleckoprůmyslové škole v Bratislavě, obor řezbářství. 1983–89 studium sochařství na akademii výtvarných umění v Bratislavě. V letech 1989–92 pět samostatných výstav a účast na několika společných výstavách doma i v zahraničí.

Born in 1962, in Bratislava. 1978 - 82 trained as a wood carver at the Art School in Bratislava. 1983-89 studied sculpture at the Academy of Graphic Arts in Bratislava.

From 1989 - 1992 five one-man exhibitions and took part in several collective exhibitions at home and abroad.

Jan tut so, als wolle er eine Geschichte erzählen. Da wird einer standrechtlich erschossen. Auch der Bildhauer greift hinein ins volle Menschensterben. Vor dem Schützen häufen sich leere Patronenhülsen. Hinter ihm findet sich eine Abflußrinne. Vielleicht machte sich das Hinrichtungskommando in die Hose. Was sich solcherart in effigie darstellt, sieht realiter betrachtet wie folgt aus: aus einem auf der Erde liegenden vierkantigen Balken ragen an beiden Enden senkrechte Balken empor. Der eine steht sozusagen nackt und bloß da. Beim anderen wölbt sich trichterförmig zielend eine Durchbohrung nach vorne. In der Mitte zwischen beiden Kontrahenten ist eine rechteckige Wanne ausgehauen und hoch mit den Spänen, die dabei abfielen, gefüllt. Und der Abfluß ist lediglich ein Abfluß. Aber wahrscheinlich geriet selbst diese um Sachlichkeit bemühte Beschreibung zu poetisch. Und Jan hat uns mit seinem Formenspiel erfolgreich zum Narren gehalten.

Valachovej 1
841 01 Bratislava
Slowakische Republik

SWETLANA N. ULASEWITSCH

geboren 1958, absolvierte 1978 die Kunsthochschule für Holzschnitzerei in Bogorodskoe/Moskau, arbeitete 1979-1986 dort in der Fabrik für Kunstholzschnitzerei, unterrichtete 1986-1989 an der Kunsthochschule in Bogorodskoe (Geschichte der Volkskunst in Rußland und Holzschnitzerei). Seit 1990 Künstlerin in der Produktionsvereinigung „TEMBR" in Moskau, Mitglied des Russischen Künstlerverbandes.

Seit 1980 Teilnahme an Kunstausstellungen, z.B. im Museum der Volkskunst „Horda" in Bergen, Norwegen (1992), in der allrussischen Volkskunstausstellung in Moskau (1989), in der allrussischen Ausstellung „Jugend von Rußland" (1990).

Die Arbeiten von Swetlana Ulasewitsch sind im Staatlichen Russischen Museum in Sankt Petersburg, im Volkskunstmuseum, im Allrussischen Museum der dekorativen und angewandten Kunst in Moskau, im Kunsthistorischen Museum – Naturschutzpark in Sergiew-Posad (Moskauer Gebiet), im Spielzeugmuseum der Russischen Akademie der pädagogischen Wissenschaften und im Museum der Produktionsvereinigung „TEMBR" in Moskau zu sehen.

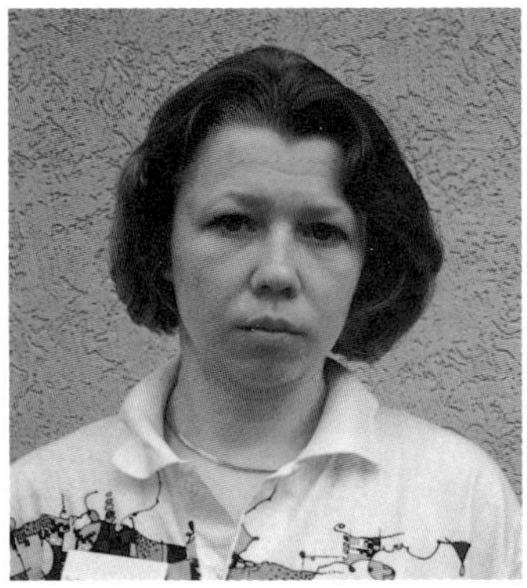

Narozena 1958, 1978 absolvovala uměleckou školu pro řezbáře v Bogorodském/Moskva. Pracovala v letech 1979–86 tamtéž v továrně na výrobky uměleckého řezbářství. 1986–89 vyučovala na umělecké škole v Bogorodském dějiny lidového umění v Rusku a dřevořezbu. Od roku 1990 je umělkyní ve výrobním sdružení „TEMBR" v Moskvě, členka svazu ruských umělců. Od roku 1980 se zúčastnila různých uměleckých výstav, např. v muzeu lidového umění „Horda" v Bergenu, Norsko (1992), účast na všeruské výstavě dekorativního a užitého umění v Moskvě (1989), účast na celoruské výstavě „Mládí Ruska" (1990) aj.

Born in 1958. In 1978 successfully completed her studies at the College of Art for wood carving in Bogorodskoe/Moscow. From 1979 - 1986 she worked there in the factory for artistic wood carving. From 1986-1989 she taught at the Art College in Bogorodskoe (history of folklore art in Russia and wood carving). Since 1990, artist with the production association „TEMBR", in Moscow. Member of the Russian Artists' Union.
Has taken part in a variety of art exhibitions since 1980. Her works have been presented in the art exhibition in the Museum for Folklore Art, „Horda", in Bergen, Norway (1992), in the All-Russian Folklore Art Exhibition in Moscow (1989), in the All-Russian Exhibition „Youth of Russia" (1990) and in many other countries.

Keinen Zweifel am Standbild einer Göttin will Swetlana Nikolajewna aus Moskau aufkommen lassen. Man könnte ihr Werk auf den ersten schematisierenden Blick der naiven Kunst zuordnen. Doch das will wenig besagen. Viel einleuchtender wäre, es beileibe keinem sozialistischen, sondern einem magischen Realismus zuzuschreiben. Das Gewand der Göttin leuchtet rot, und das heißt schön, da im Russischen dasselbe Eigenschaftswort beides aussagt. Goldene Sterne säumen das Kleid in der Mitte. Das Idol steht auf einem grünen Sockel. Seine Hände umfangen eine Art Kerzenbaum, der von einer ockerfarbenen verschnörkelten Säule getragen wird. Das weiße Antlitz, in all seinen Zügen fein gezeichnet, mustert uns streng. Vielleicht schaut auch Mütterchen Rußland so strafend drein. Wenn da nicht der Strahlenkranz um ihr Haupt wäre. Ein Strahlenkranz aus Holzspänen. Erst die glatte Rückseite der Scheibe, auf die sie aufgeklebt sind, trägt einen gelben Anstrich. Die Späne selbst bedürfen der Farbe nicht. Holz kann sogar von sich aus leuchten. Wäre es eine Lästerung, Mütterchen Rußland zu vergöttlichen? Welche Göttin kann die Mütter Rußlands im Erdulden übertreffen? Und alle Mütter dieser Welt?

p.A. Österreichische Botschaft
Kulturabteilung
Starokonjuschennyi Per 1
Moskau/ Rußland

MICHAEL ULLERMANN

Danton und Julie

geboren 1970 in Altötting, 1980-1989 Kunstunterricht bei Manfred Bugl und Alto Hien, seit 1989 Studium an der Universität Passau (Kunstgeschichte, Kunsterziehung, Philosophie), Kurse in Malerei und Zeichnung bei Professor Paul Lankes, in plastischer Gestaltung bei Dr. Werner Neumann, Student der Kunsterziehung bei Professor Oswald Miedl.

Narozen 1970 v Altöttingu. 1980–89 hodiny umění u Manfreda Bugla a Alto Hiena, od r. 1989 student na univerzitě v Pasově (dějiny umění, výtvarná výchova, filosofie). Kursy malby a kresby (prof. Paul Lankes), plastická tvorba (Dr. Werner Neumann). Student výtvarné výchovy (prof. Oswald Miedl).

Born in 1970, in Altötting. From 1980 - 1989 studied art with Manfred Bugl and Alto Hien. Since 1989 has been studying at the University of Passau (History of Art, Art Training, Philosophy). Has attended courses in painting and drawing under Prof. Paul Lankes. Was taught sculpture design by Dr. Werner Neumann. Studied art training under Prof. Oswald Miedl.

Das Paar als Thema: ein klassisches Sujet. Zu viele Vorbilder bieten sich an, denen sich keiner so leicht entziehen kann. Wer annimmt, es habe daher in unserer „Postmoderne" – oder ist diese bereits schon wieder von einer neuen Kunstmode überholt? – ausgedient, irrt. Michael modelliert ein Pärchen. Schön und innig miteinander abgerundet. Von der Größe her könnten Liliputaner Modell gestanden haben. Dessen bedurfte es freilich nicht. Welchem Mann fehlte die Vorstellungskraft für eine Umarmung? Die Umarmung eines Paares ins Monumentale zu steigern, wagte Michael allerdings nicht. So „in" scheint ihm das Thema nun doch wieder nicht zu sein. Vielleicht will das kleine Format aber etwas ganz anderes zum Ausdruck bringen. Innige Zärtlichkeit gehört in den Bereich des Intimen. Sie verträgt kein Denkmal.

Drechslerstraße 3
84503 Altötting
Deutschland

MILAN VÁCHA

geboren 1944 in Prag, 1959-1963 Studium an der Bildenden Fachschule in Prag, 1963-1969 Studium an der Akademie der Bildenden Künste in Prag bei Professor Vincenc Makovský und bei Professor Karel Lidický, Diplom für Bildhauerei. Während des Studiums, und auch nachher, Arbeit als Steinmetz bei der Renovierung Prager Denkmäler, seit 1973 als Fachassistent auf der Architektur Fakultät der Tschechischen Technischen Hochschule in Prag.

Narozen 1944 v Praze. V letech 1959–63 studium na výtvarné škole v Praze, 1963–69 studium na Akademii výtvarných umění v Praze u profesora Vincence Makovského a profesora Karla Lidického. Diplom sochařství. Během studia i později kamenosochařské práce při obnově pražských památek. Od roku 1973 odborným asistentem na fakultě architektury Českého vysokého učení technického v Praze.

Born in 1944, in Prague. From 1959 - 1963 studied at the Graphic Art School in Prague. From 1963 - 1969 studied at the Academy of Graphic Arts in Prague under Prof. Vincenc Makovsky and Prof. Karel Lidicky. Diploma in sculpture. During his studies and also afterwards, worked as a stonemason on the renovation of monuments in Prague. From 1973 worked as a specialist assistant at the architectonic faculty of the Czech Technical College in Prague.

Hrebenova 155
165 00 Praha 6
Tschechische Republik

Kein Paar sondern eine Dreierschaft zwingt Milan aus Prag in eins. Drei Köpfe krönen als Kugeln einen zylindrischen Korpus. Eine Zeitlang steht er kompakt und zuverlässig da. Man spottet über die Deutschen: fänden sich drei von ihnen zusammen, gründeten sie einen Verein. Und es gibt viele deutsche Vereine, die heißen „Eintracht soundso". Von derlei Assoziationen hält sich Milan fern. Er stützt seine Dreieinigkeit mit massiven Seitenteilen ab, als traue er ihrer Eintracht nicht. Milan ist schließlich Tscheche.

EKKE VÄLI

geboren 1952 in Tallinn, 1971-1979 Kunstuniversität Tallinn, Abteilung Architektur und Bildhauerei, seit 1979 zahlreiche Ausstellungen in Estland, Litauen, Rußland, Assistenzprofessor an der Kunstuniversität Tallinn.

Öffentliche Arbeiten:
Pal Keres Denkmal in Tallinn, Jaan Adamson Denkmal in Olustvere, Grabsteine in Tallinn und Tartu.

Narozen 1952 v Tallinu. 1971–79 umělecká univerzita v Tallinu, oddělení architektury a sochařství. Od r. 1979 četné výstavy v Estonsku, Litevsku, Rusku. Asistující profesor na univerzitě umění v Tallinu.

Born in 1952, in Tallinn. 1971 -1979 attended the University of Art in Tallinn, department architecture and sculpture. Since 1979, numerous exhibitions in Estonia, Lithuania, Russia. Assistant professor at the University of Art in Tallinn.

Aquarium

Kärberi 37-33
0038 Tallinn
Estland

ELISABETA TKADLECOVÁ

Lampa

Sokolovská 7
32314 Plzeň
Tschechische Republik

Ich wurde am 19. Februar 1943 in Jasch in Rumänien geboren. Es war ein frostiger, aber sonniger Tag. Meine Mutter sagte immer zu mir, mein Leben sollte daher von Sonne und Optimismus begleitet werden. Und sie irrte sich nicht.
Von Klein auf war ich furchtbar neugierig und wartete ungeduldig auf das „Großwerden".
Alle um mich schienen mir unheimlich gescheit und ich mir selber unvorstellbar blöd zu sein. Nicht einmal heute weiß ich, wem ich gehöre, woher ich komme und wo ich hingehe.
In der Schule war ich eher ein meditativer, wißbegieriger Typ und bekam vielleicht deswegen ein Stipendium und eine Belobigung für gutes Benehmen. Ich verstand es nicht. Ich bekam verschiedene Ratschläge, gehorcht habe ich jedoch immer nur meinem Inneren.
Der Kommunismus! Eine neue Epoche! Neue Ideen! Ein neuer Mensch! Es war zu viel für meine Begriffe, und so stürzte ich mich auf die Lektüre ausgesuchter Literatur und Philosophie. Voltaire schien mir geradezu göttlich zu sein. Die Abenteuerromane boten mir eine ganz andere Welt, wie von einem anderen Planeten. „Genossin, warum trägst du keine Uniform? Warum trägst du kein Band im Haar? Und die Nummer auf der Uniform, wo hast du die?"
Ich verstand nicht, warum ich so viele Sachen anhaben mußte, wenn mir bloß irgend etwas reichte, nur um angezogen zu sein. Am Gymnasium hatte ich große Probleme mit dem Benehmen. Das gipfelte im letzten Jahr, als ich fragte: wenn wir zum Primitivismus zurück wollen, wieso besuchen wir dann die Schule? „Impertinent" lautete die imperative Antwort. Dank einem weiblichen Herzen wurde ich aus der Schule nicht hinausgeworfen, sondern mußte nur mein Ehrenwort geben, keine weiteren „stupiden" Fragen zu stellen.
Die Chemieschule, an der ich weiter studierte, bot mir eine interessante Welt voll von Molekülen, Atomen und Farben an, doch auch hier konnte ich etwas nicht verstehen: „Warum zerstören wir die Erde?" Als ich klein war, lernte ich, daß die Erde unser Organismus sei. In der Geographie lernte ich, daß das Wasser der Erde sich in einem unterirdischen Reservoir sammle, aus welchem alle nach ihrem Bedarf schöpfen.
Warum sollen wir dann das Wasser schmutzig machen?
Eine komische Welt! Wir wissen etwas ganz genau, tun aber das Gegenteil und sagen wieder was ganz anderes.
Ich ging an die Akademie der Wirtschaftswissenschaften studieren, mit der Hoffnung, daß ich zu Vernunft käme. Marx in der Früh. Marx zweimal in der Woche abends. Ich war nicht gegen ihn, doch ich war dagegen, seine Gedanken auswendig zu lernen. Auf jeden Fall spürte ich, daß das Leben mlr abgesprochen wurde. Und so entstand mein großer Wunsch, die Sachen zu vereinfachen und zu ordnen.

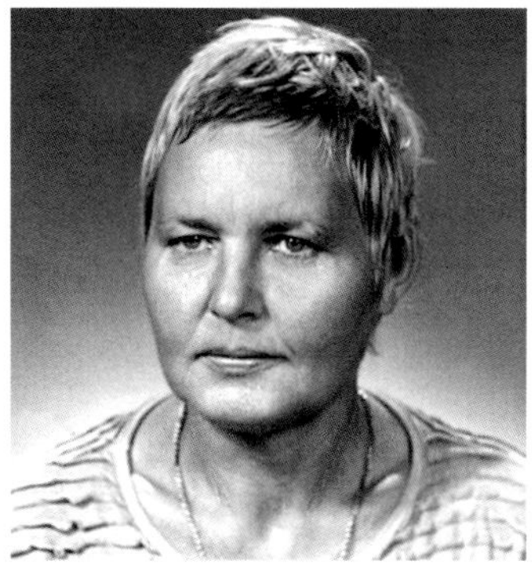

I was born in 1943 in Jasch, Rumania. It was a frosty, but sunny day. My mother always said to me that my life should, therefore, always be accompanied by sun and optimism. And she was not wrong. Even as a child, I was frightfully curious and waited impatiently to „become big".
All those around me seemed to be incredibly clever and I felt that I was unimaginably stupid. Even today, I still don't know who I belong to, where I come from and where I am going.
At school I was more of a meditative type of person, hungry for knowledge and maybe that's the reason why I received a grant and praise for my good behaviour. I didn't understand it. I got lots of advice, but I always only paid attention to my inner feeling.
Communism! A new era! New ideas! A new person! It was too much for me, so I busied myself with books of selected literature and philosophy. Voltaire seemed to me to be almost godlike. The adventure novels provided me with quite another world, like one from another planet.
„Comrade why are you not wearing a uniform? Why are you not wearing a ribbon in your hair? And the number on the uniform, where did you get it?"
I did not understand why I had to wear so many things, when for me, it was sufficient that I had something on. At Senior Secondary School I encountered a lot of problems on account of my behaviour. This culminated in the last year when I asked: If we want to return to primitivism, why am I attending school? „Impertinent" was the imperative answer. Thanks to a female heart, I was not thrown out of school, but just had to promise not to ask any more „stupid" questions.
The chemical school where I continued to study, provided me with an interesting world full of molecules, atoms and colours, but even here there was something I couldn't understand: „Why are we destroying the earth?" When I was small, I learned that the earth was our organism. In geography I learned that the water from the earth collected in a subterranian reservoir and we all ladled from it according to our needs.
Why then should we contaminate this water?

Narodila jsem se 19. února 1943 v městě Jasch v Rumunsku. Byl mrazivý, avšak slunečný den. Moje matka mi vždycky říkala, že můj život bude proto provázet slunce a optimismus. A nemýlila se. Od malička jsem byla strašně zvědavá a netrpělivě jsem čekala, až budu „velká".
Všichni okolo mne se mi zdáli neslýchaně chytří a já sama jsem si připadala úplně pitomá. Ještě dnes nevím, kam patřím, odkud přicházím a kam jdu.
Ve škole jsem byla spíše meditativní typ, lačný po vědění. Snad proto jsem dostala stipendium a pochvalu za dobré chování. Nechápala jsem to. Dostávala jsem různé rady, ale poslouchala jsem jen své nitro.
Komunismus! Nová epocha! Nové ideje! Nový člověk! Pro moje pojmy toho bylo trochu moc, tak jsem se vrhla na četbu vybrané literatury a filosofie. Voltaire se mi zdál přímo božský. Dobrodružné romány mi ukazovaly docela jiný svět, jako z jiné planety.
„Soudružko, proč nenosíš uniformu? Proč nemáš stuhu ve vlasech? A číslo na uniformě, kde ho máš?"
Nechápala jsem, proč na sobě mám mít tolik věcí, když mi stačilo cokoliv, abych byla oblečená. Na gymnáziu jsem měla velké problémy s chováním. Vyvrcholilo to v posledním ročníku, když jsem se zeptala: „Jak to, že musíme chodit do školy, když chceme zpátky k primitivismu?" „Impertinentní otázka", zněla příkrá odpověď.
Díky jednomu dobrému ženskému srdci jsem nebyla ze školy vyloučena, ale musela jsem slíbit, že už nebudu klást „stupidní" otázky.
Chemická škola, kterou jsem navštěvovala potom, mi přiblížila zajímavý svět molekul, atomů a barev, ale i tady jsem něco nechápala: „Proč ničíme Zemi?" Když jsem byla malá, učila jsem se, že Země je naším organismem, v zeměpise jsem se učila, že vody země se shromažďují v podzemním rezervoáru, z něhož všichni čerpají podle potřeby.
Tak proč znečišťujeme vodu?
To je divný svět!
I když něco dobře víme, děláme pravý opak a říkáme zase něco jiného.
Šla jsem studovat ekonomii s nadějí, že přijdu k rozumu. Marx ráno, Marx dvakrát týdně večer. Nebyla jsem proti němu, ale byla jsem proti tomu, učit se jeho myšlenky nazpaměť. V každém případě jsem cítila, že skutečný život mi zůstává skryt. A tak vzniklo mé velké přání zjednodušit a srovnat věci.
V Rumunsku jsem byla zaměstnaná jako úřednice na ministerstvu průmyslu, konkrétně v kádrově politickém oddělení.
V praxi jsem začala chápat, co pro mne bylo dosud nepochopitelné a bylo mi smutno.
Pak se stal zázrak! V mém životě se objevil Čech, který pracoval v Rumunsku jako specialista v oboru elektráren.

Hlava

In Rumänien war ich als Beamtin am Ministerium für Industriekonstruktion – konkret gesagt in der kaderpolitischen Abteilung – angestellt.
In der Praxis begann ich zu verstehen, was mir bis dahin unverständlich gewesen war, und wurde traurig.
Dann ist ein Wunder passiert. Es erschien in meinem Leben ein Tscheche, der in Rumänien als Spezialist für Kraftwerksbau arbeitete. Seit der Zeit gewann mein Leben eine andere Dimension. Im Jahre 1976 heirateten wir, und drei Jahre später übersiedelten wir in die Tschechoslowakei. Mein erster Eindruck war ein endloser Strom blau angezogener, sehr nachdenklicher Menschen. Mein Leben stieß auf eine weitere Wand. Ich begann Kunst zu studieren, diesmal ohne jegliche Hilfe. Nach zwei Jahren präsentierte ich mich bei einer Ausstellung, wo ich durch die Ironie des Schicksals den 1. Preis gewann. Nachher schuf ich weitere Werke, die auch preisgekrönt wurden.
In den Jahren 1985 -1987 begleitete ich meinen Mann in die Türkei, wo ich die Geschichte und die freie Welt näher kennenlernen konnte. Ich freute mich, endlich der Flexibilität begegnet zu sein und das Recht zu denken zu haben – zu denken mit meinem Kopf, in dem der ganze Kosmos und die ganze Welt ist.
Es ist ein wunderbares Gefühl!
Es freut mich jegliche Kreativität. Ich vergöttere Beethoven und Gershwin. Ich glaube an Vielfalt und Einfachheit, beides bedeutet in meiner Vorstellung das Denken = Bewegung und Suche. Denken, unaufhörlich denken und sich des Lebens zu freuen. Das ist maximale Schönheit, von der Tolstoi sagte, sie sei „der einzige unbestrittene Wert in der Welt".

Letzte Ausstellungen:
1982 - 1992 Ausstellungen in Pilsen, Tschechische Republik
1992 Bildhauersymposion Schwarzenberg, Österreich

Preise in den Jahren 1982, 1984 und 1989.

A strange world!
We know something quite precisely, but do the opposite and then say something quite different.
I went to study at the Academy of Economic Science in the hope that I would become sensible. Marx in the morning. Marx twice a week in the evening. I was not against him, but I was against learning his thoughts by heart. Anyway, I felt that life was being denied me, and so my greatest wish arose - to simplify things and to give them an order.
In Rumania I was employed as a Civil Servant at the Ministry for Industrial Design - to put it precisely, I was in the Cadre-Political Department.
In practise, I began to understand what had until then been incomprehensible for me, and it was sad.
Then a miracle happened. A Czech, who was working in Rumania as a specialist for power station construction, appeared in my life. From that point in time, my life took on another dimension. We got married in 1976 and three years later we moved to Czechoslovakia. My first impression was an endless stream of very contemplative people dressed in blue. My life was up against another wall.
I started to study art, this time without any assistance whatsoever. Two years later I presented myself at an exhibition where - by the irony of fate - I won the first prize. After this I created further works of art which were also awarded prizes.
From 1985-1987, I accompanied my husband to Turkey where I was able to learn about history and the free world. I was pleased to have at last encountered flexibility and to have the right to think - to think with my own head in which the entire cosmos and the whole world was.
It is a wonderful feeling!
Every form of creativity pleases me. I adore Beethoven and Gershwin. I believe in multiplicity and simplicity. In my mind both stand for thinking = movement and search.
To think, to think incessantly and to take pleasure in life, that is the ultimate in beauty, which Tolstoy said is „the only undisputed value in the world".

Od té doby dostal můj život jiný rozměr. V roce 1976 jsme se vzali a tři roky poté jsme se přestěhovali do Československa. Mým prvním dojmem byl nekonečný proud modře oblečených, velmi přemýšlivých lidí. Můj život dospěl k dalšímu mezníku. Začala jsem studovat umění, tentokrát bez jakékoliv pomoci. Po dvou letech jsem se prezentovala na výstavě, kde jsem ironií osudu získala 1. cenu. Potom jsem vytvořila ještě další díla, která byla rovněž oceněna. V letech 1985–87 jsem doprovázela svého muže do Turecka, kde jsem mohla blíže poznat dějiny a svobodný svět. Měla jsem radost, že jsem konečně potkala pružnost a právo myslet – myslet vlastní hlavou, v níž je celý svět a celý vesmír.
Je to podivuhodný pocit!
Těší mě jakákoliv tvořivost. Zbožňuju Beethovena a Gershwina. Věřím v různost i jednoduchost, obojí v mých představách znamená myšlení = pohyb a hledání.
Myslet, neustále přemýšlet a těšit se ze života. Do je maximální krása, o níž Tolstoj řekl, že je „jedinou nespornou hodnotou na světě".

DOKUMENTATION

Gruppenaufnahme mit den meisten Teilnehmern des Bildhauersymposions

SCHWOAZNBERGA KÜNSTLATREFF

von Kurt Seil

Oille Tog woar i am Fiaß'n!
I hob' oafoch umi miassn,
za der Kunst! –
Hod mi d'Gicht a nu so g'hunzt!
Und oille Tog is's fei um's Kenna,
oiweu g'schickta woan und schena!
Aus de Schoatn, – aus und g'schehgn!
hod ma d'Kunst frei wochsn g'sehgn!
Zerscht is a Bam do g'legn, a Lempm,
net laung drauf woa's scho a Stempm,
auhne Rindt'n auhne Haut,
aft hod a Schedl viara g'schaut
und eines Toges, – do schau her!
host scho g'seghn, hiazt wirds boi wer!
Net laung drauf, jo Kreitan Saxn!
hod dos Trum scho Hendt' und Hax'n,
einen Hintern und a G'sicht!
Net zan glaubm! – Das packst Du nicht! –
Danebm a Zwergei mit an Bus'n!
Ja hö! Ja hö! – De toan jo schmus'n!
Freind, hiazt siach' i's erscht genau! –
Glei danebm a kloane Sau,
kug'lrund und wuzlfoast!
Da Mühbeck waun dos sahg! – Na woaßt!
Der kamad uma mit Tschin, Bum!
Oa Schmug, oa Drug! – Scho foillad's um!
Briadei, is dos Viech mer g'rissn!
Hervorn' haum se zwoa Fisch' vabiss'n!
Brinreod han's scho oi zwoa, vor Wut!
Und eahnare Schweaf' stehngand af: „Ruht!"
Von Schedl wegga, lauter Grad'n!
Kunnst spü'n: „Ich hatt' 'nen Kamerad'n!"
De Fisch', de zöhn fei echt! – Jawoih! –
Soi' des a Hitt'n sei fia'n „Zoi?"
De wos do steht glei' links draunau'!
Oder is's a hüzas G'wachs? – Ha Mau'? –
Weida drobm, – jo Kreitan Saxn!
liegt a Kist'n mit zwoa Haxn!
Stehst danebm und schaust wia g'munzt!
Irgendwie is's ar a Kunst!
Drin han z'quetschte Hoillabeer,
und da Soaft rinnt hin und her!
Ja, er tuad sogoa dur' d'Glißn!
Wos dos sei soid, mecht i wiss'n?
Do sogt nebm meina so a Lenz:
„Dos soid doastö'n eine Grenz'!"
Waun's a moanan do is Hoit,
gibts fei iwaroi an Spoit! –
Weida drent' a Gardlzauh'
und a schöli Loatan drau'!
Der tuad bestimmt gern Fenstaln geh'!
A gaunz sche! –
Drent' vo Juiwa siaghst an echt'n
Künstler, einen Wigwam flecht'n!
Hoslnußstaudna steckt a hi!
Gaunz eps G'schickts! – Kreiz Saggaradi! –
Seithoibm steht a Weiwaleit
mit drei Kepf'! – Ja, bist Du g'scheit!
De waun's gawad in natura,
brauchadst fei schier d'Voimatura,
waunsd mid dera schmazn wü'sd!
Obs di do net z'stoak vaküh'st? –
A poa Meta ca. weida,
do stö'd Oana lauter Scheida
oafoch auf, rundum in Kroas!
Freind, wos mocht denn der fia'n G'spoaß?
Woaß der eh nu wos a wü'?
Denkst d'a stü'!
Keine Aungst! – Der schwoaze Teifö,
is se sicher! – Auhne Zweifö!
Weus'n iwahaupt net hunzt;
mit da Kunst! –
Ja hö! – Wos steht denn dort am Roa?
Is dos von Mühbeck a Trum Boa?
Vo an Ochs'n oder Roß'?
Wie ein G'schoß!
Ziemt oan, ehrli g'sogt, a bißl,
wiar a Ries'n-Gowischlißl!
Oder wiar a Weiwaleit,
de wo laut um Hüfe schreit!
Goa net schlecht!
Owa echt! –
Bei de Obstbam liegt a Stoa,
gaunz alloa!
„Is dos a Mammutzauhnd? – Madam!" –
„No, no! Monsieur!" – Af deitsch: „Bim-Bam!"
Moad a Fraunzösin gaunz perplex,
de grod ins Auto raumt a Flex!
„Nix haben von so große Tier!
Das meiniges Manufaktür!" –
Oh la, la! – Compri, compri?
„Ok, ok! – Oui, oui! – Oui, oui!".
Sog' i drauf! – Ja, wos denn sunst?
Eine Kunst! –
Wiar i aft geh' an Eadl dauna,
kimm' i zar a schen' Madauna!
Super au'gmoind und frei hüza,
a reod's Kidei, voller Glitza!
„Wer de g'mocht hod, is koa Bleda!"
Moad nebm mir da Kassa-Peda!
„Briadei na, is des a Procht!
De hod fei a Russin g'mocht!
Aunast prima! – Aunast sche!"
Sog' i nu währenst'n Geh'! –
„Wiar i ma mei Lebtog merka!"
14 Tog laung, so stoak wergga!
Weiwa, Mauna! – Bist Du g'scheit!
Ja, und oille vo so weit! –
Ami, Tschechn, Estareicha!
Dazwischn siaghst in Reodmühna schleicha,
mit da Motorsog' in Hendt'n,
za der feschn Polin drent'n,
de scho' bis i d'Haut ei' freoh is,
daß a so a Wüggara do is! –
Hint' nochi wiar an Idax-dax,
unser liawa Grohbau'n Max! –
Mitt'ns i den Geistertaunz,
düst umanaund da Hornath Fraunz,
oamoi min Traktor, oamoi z'Fuaß,
voilla Schoat'n , voiller Ruaß!

Iwaroi kinnans'n braucha!
Er werkt, zan hendt' – und fiaß'svastaucha,
und kräud ois wiar a Spinnarin,
oiweu um d'Argentiniarin! –
Wos do fia Leit han af da Wies'!
Vo Moskau, Deitschlaund und Paris!
Ungarn, Kroat'n, und Rumäna,
Est'n, Poi'n und Italiena!
Voilla Sogspäh', voilla Spreidan,
siaghst as, wia's eah Hackl schleidan,
und wia's niftan i de Wegln!
Aga nu, ois wia hoid.d'Egln! –
Ja, dos Oani wird woih stimma:
„Dos Symposion woa prima!"
Freind, do wirsd direkt a Noa!
Direkt schod, daß's hiazt scho goa! –
Sitz' ma ban Bier oder ban Wei'
sogn ma oft: „wo werdns denn sei?"
Und ma siacht's aun unsre Nos'n,
daß ma seither Triabsoi' blos'n!
Und mia winsch'n uns dos Oani,
daß's wieder keman! – Ja, dos moan' i!
Ja! – Und wos dabei so sche:
„Af de Tour kau' koa Kriag entsteh'!"

NOTIZEN ÜBER EIN SYMPOSION

Beobachtungen von Walter Umminger

1

Die Naturschützer hatten nichts dagegen, daß ein paar Dutzend Bäume des Böhmerwaldes zweckentfremdet wurden. Sie liegen nebeneinander aufgereiht auf einer Bauernwiese, ganz anders als die Stämme geschichtet werden, bevor man sie ins Sägewerk abtransportiert. Es ist auch kein A-Holz dabei. Im Gegenteil wurde Stämmen mit Ästen, sogar solchen mit faulendem oder hohlem Innern der Vorzug gegeben. Diese taugen nicht einmal zu Brennholz. Manche strekken ihre Äste geradezu flehend aus, als bäten sie darum, daß jemand ihren nutzlosen Torsen Sinn verleiht. Und genau das geschieht mit ihnen.

2

58 Bildhauerinnen und Bildhauer aus 17 Ländern kamen nach Schwarzenberg, um in einem einzigen und zugleich einzigartigen Freiluft-Atelier zu arbeiten. In der 700-Seelengemeinde bereitete es keinerlei Probleme, alle Gäste in Privatquartieren unterzubringen. Grenzland als Heimat für alle. Das war nicht immer so. Aber hier entstand es.

3

Ob der Franz, der mit seinem Traktor die schweren Stämme mal hierhin, mal dorthin transportiert, sie umlegt oder wieder aufrichtet, in seinem Leben schon einmal einen leibhaftigen Bildhauer gesehen oder ihm gar bei der Arbeit geholfen hat, darf bezweifelt werden. Jetzt ist er gut Freund mit allen. Und auf Künstler, die bekanntlich alle Verrückte sind, läßt er nichts mehr kommen.

4

Als sie am ersten Tag die Stämme umkreisen, kreist es auch in ihren Köpfen. Wie einen gefundenen Schatz lassen sie dann „ihren" Baum in eine entferntere Ecke der Wiese bringen, als wollten sie bei einer ersten Zwiesprache nicht belauscht werden. Andere machen sich gleich an Ort und Stelle mit Motorsäge, Bohrern, Meißeln und Schabern, Feilen und Hämmern über die ungefügen Trumme her. Eine Weile lassen sie noch der Natur ihr Erstgeburtsrecht. Schließlich ist Mutter Natur die unerschöpflichste Formenerfinderin dieser Erde. Dann aber verfremden sie die Natur mehr und mehr. Das willkürlich Gewachsene wird intuitiv und bewußt umgeformt. Aus Natur wird Kunst.

5

Sabine suchte sich einen der längsten Stämme heraus. Forstwirtschaftlich gesehen hat sie es mit einem Mißwuchs zu tun. Um einen dicken Stamm schlingt sich ein dünnerer. Da scheint ein Motiv vorgezeichnet. Vielleicht ein unglückliches Liebespaar. Oder die Heimkehr des verlorenen Sohnes. Ein Poet könnte sich darauf einen Vers machen: „Ich lasse dich nicht, du segnest mich denn!" Sabine schwingt das Beil und treibt den beiden erst einmal jegliche Sentimentalität aus. Sie vereint Formen, die getrennt schienen. Und läßt sie nicht, sie segnen sie denn.

6

Ein vollbärtiger Hüne stellt in erstaunlich kurzer Zeit drei Thronsessel hin, die einem Herrscherpaar von Riesen dienen könnten. Man rätselt noch, was aus diesem Ensemble endgültig wird. Vorderhand weist einer dieser Throne einen hohlen bzw. keinen Sitz auf. Wer sich hastig darauf setzen würde, müßte zusammenklappen wie ein Taschenmesser. Bliebe hoffnungslos eingeklemmt. Ein Thron mit Falltür. Es sollte ausschließlich solche Throne geben.

7

Wer über das Gelände schlendert, fühlt sich manchmal als Voyeur. Er beobachtet einen Entstehungsprozeß, der noch kein vorschnelles Urteil erlaubt. Von manchen Werkstücken wird die Phantasie angeregt. Plötzlich erwacht der Bildhauer im Zuschauer. Er fängt gedanklich an zu sägen, zu hämmern, zu schleifen. Das haben diese emsig werkelnden Leute immerhin hingekriegt. Kommt er am nächsten Tag mit seinem fertig imaginierten Werkstück wieder auf die Wiese, erkennt er: Die Bildhauerei überläßt man doch besser Künstlern, die etwas davon verstehen. Oder die davon besessen sind.

8

Werner ging schon vor seiner Ankunft in Opposition gegen die Masse an Holz, die auf der Wiese und auf seinen Vorstellungen lastete. Das Wuchtige schreckte ihn ab. Er arbeitete lieber in Filigran und bestellte Äste und Zweige. Die schält er geduldig. Als sie in einem sperrigen Haufen aufeinanderliegen, sehen sie von weitem aus wie ein Schlangennest. Aber Werner gestattet den nackten Zweigen kein Eigenleben. Er nimmt eine Palette, wie sie gebraucht wird, um mit einem Gabelstapler schwere Lasten zu transportieren. In den schmalen Zwischenraum zwischen den breiten Boden- und Deckenlatten zwingt er seine Zweige. Ein trauriger Anblick: Eingesperrtes Geäst. Aber es macht die in ein Gefängnis verwandelte Palette unbrauchbar. Und damit plötzlich wertvoll. Mit dem abgesägten Stück eines Zweiges spielt ein Hund.

9

Georg ist ein Magister und Professor obendrein. Das sind Äußerlichkeiten. Das von ihm bearbeitete Holz weist ihn als ironischen Philosophen aus. Ein dicker Ast, dem er weitgehend die gesunde dunkelgraue Rinde läßt, wird treppenförmig eingeschnitten und damit seiner ursprünglichen Schönheit beraubt. Das vollendete Werk weist auf einem davorgelegten kleinen Holzbrett als Titel das „Auf und Ab des Lebens" aus. Beides wirkt gleichermaßen fatal. Zudem lastet dieses Auf und Ab auf ein paar dünnen Zweigen als Beinen, von denen man nicht weiß, wie lange sie das Auf und Ab des Lebens tragen können. Das freilich weiß niemand.

10

Georg ist auch ein Satiriker. Er hat aus Ästen mit wenigen Handgriffen zwei scheitelhohe Pfosten in etwa drei bis vier Meter Abstand mit einem langen, schlanken, geraden Zweig verbunden. Daran baumeln kleine aufgespaltete Zweigstücke. Das Ganze erinnert an eine Wäscheleine. Der Titel „Die Spitzen der Gesellschaft" macht einsichtig, daß es sich nicht um frisch gewaschene, sondern schmutzige Wäsche handelt.

11

Manche stellen genaue Berechnungen an, messen mit Lineal oder Maßband. Die Kunst gehorcht mathematischen Gesetzen. Das macht sie leichter verständlich. Einer schneidet einen Baumstamm in handtellerdicke Scheiben und legt sie danach säuberlich aufeinander. Der Stamm ist wieder, wie er war. Aber nur fast. Erstaunlicherweise ergibt sich: Die Teile sind mehr als das Ganze. Auf welches mathematische Gesetz mag das zurückzuführen sein? Der Künstler verrät es auf dem Fuß einer daneben ragenden schmalen Stange: *2x15=18*. Kunst ist ganz leicht zu verstehen von jedem, der richtig rechnen kann.

12

Oto aus Bratislava wird sich, wenn er Schwarzenberg verläßt, fragen müssen, wie er künftig ohne Franz auskommt. Woran Oto bisher unauffällig werkelte, wird durch Franzens Traktor plötzlich unübersehbar. Da ragt eine gewaltige Holzsäule auf der Wiese, wahrlich haushoch. Sie in die Senkrechte zu bringen, ohne daß sie gleich umkippt, dieses Problem löst Franz. Es bleibt ein anderes: wie kann Oto weiter an seiner Säule herumhämmern oder bohren oder sägen, ohne daß sie ihn erschlägt? Wer sich der Kunst verschreibt, begibt sich nun einmal immer in Lebensgefahr. Doch in diesem Fall: der Franz wird's schon richten.

13

Goran zimmert tagelang an einer Art Verschlag, aus dem ein Hühnerstall werden könnte. Allmählich bilden sich Formen eines Hauses heraus. Ein merkwürdiges Haus. Jedenfalls ein Minihaus. Goran bildet das Modell eines Hauses nach, wie man sie in guten alten Zeiten – falls es solche jemals gab – in Kroatien baute. Solche Häuser gehen Tag für Tag in Flammen auf, vielleicht gibt es solche bald nicht mehr. Auch viel fester gefügte, moderne Häuser fallen der Zerstörung anheim. Goran fügt nicht das Modell eines Hauses zusammen, sondern ein Modell des Menschlichen, das der Unmenschlichkeit preisgegeben wird. Eine Erinnerung an das, was mit jedem Haus unrettbar verloren geht: Geborgenheit.

14

Da Bildhauer ganz normale Menschen sind, zeugen sie auch Kinder. Das sind dann keine ganz normalen Kinder. Denn wenn diese Kinder spielen, bildhauern sie. Da fällt der Ast nicht weit vom Stamm. Auf einer Wiese oberhalb des Freiluftateliers stehlen sie ihren Eltern mühelos die Schau. Da ringelt sich eine gelbe Schlange schwebend über der Erde. Oder ein blauroter Hai reckt seine Dreiecksflosse drohend aus dem Luftmeer. An anderer Stelle setzt ein rot-gelber Pegasus zum Fluge an. Sein Antriebsaggregat ist mehr zum Schwanz hin angebracht. Vielleicht dachte sein Schöpfer dabei an einen Raketensatz. Welcher Pegasus benutzt heutzutage noch echte Flügel? Hier keimt die Kunst des nächsten Jahrtausends.

15

Vielleicht spielen die Bildhauereltern auch nur mit dem Holz. Das werden sie freilich niemals zugeben. Obwohl manche Stücke darauf schließen lassen. Da steht ein kugelrundes Schwein, als hätte das Grunzen Gestalt gewonnen. Ein stattlicher Hund (vorläufig noch ?) ohne Schwanz grübelt offenbar darüber nach, ob er sich endgültig als Werwolf, Fenriswolf oder als ein völlig unbekanntes Fabeltier präsentieren soll. Ein lilafarbener Flamingo stakst graziös durch sinnreich arrangierte bemalte

Rindenstücke, die nichts weniger als das gesamte Dreiländereck sozusagen in Minimalart darstellen. Ob es mit *Adam* ein Kind oder ein Kind im Mann geschaffen hat, kann dahin gestellt bleiben.

16

Hans weist sich als Magister artium aus. Er bereichert die hölzerne Menagerie um ein krebsrotes Ungeheuer. Das Eigenschaftswort ist mit Bedacht gewählt, denn es sind unschwer zwei halbe Hummer zu erkennen, in der Mitte miteinander verbunden wie siamesische Zwillinge, nach beiden Seiten drohend ihre Scheren reckend. Ein Graus der Evolution, ein Traumbild vielleicht für einen Koch. Doch die breiten Schwänze an beiden Enden sind bereits abgenagt.

17

Am Abend tanzen im Festzelt hübsche tschechische Mädchen zu den Klängen einer Musikkapelle aus Pilsen. Es wird für viele eine lange Nacht. Wer in der Frühe den noch menschenleeren Figurenpark, den immer mehr skurrile Gestalten bevölkern, betritt, kann sich des Eindrucks nicht erwehren, daß all diese hölzernen Geschöpfe ebenfalls die Nacht durchtanzten. Ein mächtiger, vielfacher Donnerschlag muß sie zu gespenstischem Treiben erweckt haben. In den Nebelschleiern des Gewitterregens, der die Glut des Sommers löschte, verwandelten sie sich sämtlich in Erlkönige. Jetzt stehen sie wieder unbeweglich da und amüsieren sich über uns, die da blind einhertappen. Übrigens, falls Oto im Sinn gehabt haben sollte, eine Triumphsäule für die neue Slowakei zu errichten: der Blitz schlug nicht hinein.

18

Jaroslav aus Pilsen setzt ein Viertel-Kreissegment nicht auf eine Achse, sondern stützt es mit einer verwinkelten Balkenkonstruktion. Wollte jemand in eine solche Skulptur etwas hineingeheimnissen, was sich vermutlich verbietet, könnte sie andeuten, daß ein Rad zu keinerlei Fortbewegung mehr taugt, wenn es dreiviertel seiner Substanz verliert. Oder daß ein Segment genügt, um die Idee eines Rades sichtbar zu machen, die jederlei Fortbewegung ermöglicht. Den Künstler fragen, welche dieser beiden Möglichkeiten ihm vorschwebte, falls überhaupt eine? Man könnte ihm nichts Schlimmeres antun, als sein Werk kommentieren zu müssen. Es soll im Betrachter neu entstehn.

19

Auch Alois gibt vorderhand Rätsel auf. Wie ein Zimmermann legt er millimetergenau zugeschnittene und glattgeschliffene Vierkanthölzer aufeinander. Nichts erinnert mehr auch nur im entferntesten an einen Baum. Er handhabt Baumaterial für eine Wand, die täglich wächst. Aber beinahe klammheimlich kehlt Alois seine Vierkanthölzer an einer Innenseite aus. Von vorne bemerkt man nichts davon. Erst wer über seine Schulter schaut, kommt ihm auf die Schliche. Jedenfalls sind diese Vierkanthölzer jetzt schon nicht mehr, was sie zu sein scheinen. Was mag daraus werden?

20

Allmählich mutet die Wiese, auf der anfangs lediglich Baumstämme herumlagen, wie ein mythologischer Hain an. Johann suchte sich einen Stamm aus, der von talergroßen Stellen abgesägter Äste wie von schwarzen Makeln übersät war. Was einmal nach außen ragte, legt er systematisch nach innen frei. Aus dem ausgeschälten Kern des Baumes, dem er sonst die Rinde läßt, drängen nunmehr reihenweise plastische Gebilde hervor, die an weibliche Brüste erinnern. Kein Zweifel: hier stehen wir vor einer archaischen Göttin der Fruchtbarkeit. Wir sind zwar nicht mehr naiv genug, um davor verehrend in die Knie zu sinken. Aber ein magisches Fluidum, das Idole einer längst versunkenen Kultur ausstrahlen, teilt sich mit. Es kann sein, daß Johann bei seiner Arbeit ganz anderen Vorstellungen folgte. Aber Kunstwerke, sobald sie einmal Eigenleben gewonnen haben, sagen sich von ihren Schöpfern los und geben sich wehrlos der Willkür von Betrachtern hin. Das macht ihre fruchtbare Ambivalenz aus.

21

László aus Kecskemét erschuf den Gott des Waldes. Daran besteht kein Zweifel. Er läßt den abgeschälten glatten Stämmen ihre Wucht, setzt sie als Fundament, Sockel, ragenden Rumpf ein. Der kolossale Körper dient vor allem dazu, die muskulösen Äste zur Geltung zu bringen, die sich nach allen Seiten recken wie beim vielarmigen Shiva, Indiens Gott mit den 1008 Namen, dem Zerstörer der Welt und Endiger von Leid und Leben. Doch gilt Shiva auch als Verkörperung der lebensspendenden Zeugungskraft. Darauf deutet bei Lászlós Waldgottheit ein mächtiges Astgeweih hin, wie es kein Hirsch im Böhmerwald aufweist. Hirsche, die annähernd einen derartig kapitalen Kopfschmuck tragen, ziehen als Könige des Waldes durch die Karpaten, wo sie von deutschen Kapitalisten abgeschossen werden. Nicht allein deshalb tut ein Gott des Waldes not. Lászlós Astgeweih krönt keinen Kopf. Ein solches kreatürliches Attribut hat ein Gott nicht nötig. Selbst wenn er sich personifiziert, bleibt bei ihm alles Geist.

22

Ein mythologischer Hain, falls ihm ein solcher Rang zugestanden werden kann, führt den, der ihn betritt, durch Himmel und Hölle. Einen höllischen Bezirk richtete Tomas aus Pilsen ein. Ein Drei-Stangengestell, von dessen Spitze eine Kette herabhängt, um mit einem Haken den Henkel eines Kupferkessels zu tragen. Gewöhnlich wird darin im Freien über einem Holzfeuer Eintopf gekocht. Von dessen gutem Geschmack konnten sich die Gäste bereits am ersten Sonntag überzeugen. Tomas hängt an der Kette keinen Kessel auf, sondern ein unterarmlanges, doch recht kompaktes Kreuz. Es verkohlte. Allerdings nicht über einem Reisigfeuer, sondern eine Glut anderer Art schwärzte es. Es muß Tomas' innere Glut gewesen sein. In der Mitte des Kreuzes hat er eine handtellergroße, auch geschwärzte, Löwenmaske angebracht. Sie imaginiert allerdings nicht einen Löwenkopf, sondern das Haupt der Medusa, bei deren Anblick ein jeder zu Stein erstarren muß.

23

Noch grauenhafter wirkt die benachbarte Stellage. Eine sozusagen naturgetreu modellierte Frauenfigur hängt schräg an einem Haken, der ihr Kinn durchbohrt. Die derart Gefolterte trägt ein Kind im Leib. Darauf weist eindeutig eine ovale Form hin von etwa zwanzig Zentimeter Länge, die in den ausgehöhlten Bauch der Figur eingelegt ist. Dieser schwarz gefärbte Embryo erinnert uns daran, daß die Frau das Leben schenkt und zugleich damit den Tod: Ihr Schicksal und der Fluch der Menschheit seit altersher.

24

Was aus Holz doch alles gemacht werden kann. Da geht der unbefangene Blick gegenüber diesem Material leicht verloren. Der Beobachter ertappt sich grübelnd vor einem Stamm, grau gebeizt, ohne Spuren einer händigen Bearbeitung. Eiserne Krampen sind hineingeschlagen. Was bedeuten sie? Als der Blick nach oben schweift, erkennt er erst, daß er vor einem Mast der Stromleitung steht. Den hat ausnahmsweise kein Künstler hierhergestellt, sondern die OKA.

25

Mariateresa aus Argentinien kann nicht einmal mehr der Franz weiterhelfen. Ein Ladekran vom Kloster Schlägl muß herbeigeholt werden. Derweil bleibt Mariateresas Skulptur zweigeteilt. Die eine Hälfte, ein Sitzriese, ruht auf einer Granitplatte fest gegründet. Die andere liegt noch dahinter auf der Wiese. Regengüsse peitschen über sie hin. Das paßt. Denn Tränenströme will die fertige Figur provozieren. Unschwer erkennt der Betrachter, was aus dem Ganzen wird. Hier reckt ein Unglücklicher die Arme zum Himmel. Die säulenartigen Beine tragen ihn nicht mehr, daher sank er nieder, doch nicht auf die Knie. Adoranten, d.h. solche, die zu den Göttern flehen, werden in unserer Zeit gewaltiger dargestellt als die Götter selbst. Die Götter müßten blind sein, wenn sie ihn nicht sähen, taub, wenn sie ihn nicht erhörten. Aber allein der Adorant ist noch glaubhaft. Die Götter sind es nicht mehr.

26

Gleich daneben schlägt Grazyna aus Warschau eine Engelsfigur aus einem stark verzweigten Stamm. Die Flügel, in den Formen grob belassen und eher angedeutet, wirken zu schwer, als daß ihnen große Schwungkraft zuzutrauen wäre. Eher der vage Wunschtraum eines Engels scheint zu entstehen als ein Engel selbst. Doch der Kopf ist feiner ausgeführt. Ein menschliches Gesicht. Das weckt die Hoffnung auf das Erscheinen eines Glück verheißenden Engels, der vorerst noch wie gelähmt am Boden liegt.

27

Nein, Oto wollte keine Triumphsäule errichten. Er überließ die ragende Senkrechte nicht sich selbst, sondern unterbrach sie mit einem Querbalken, der respektlos die Eigenständigkeit einer Waagrechten behauptet. Formen, wie sie derart entstehen, müssen keineswegs etwas bedeuten. Sie sind, was sie sind. Und Bedeutung gewinnen sie dadurch, daß es sie zuvor in dieser Kombination noch nicht gegeben hat. Sie berühren weniger unser Denken als unser räumliches Empfinden.

28

Das läßt sich einschränkend auch von Jan aus Bratislava sagen. Denn Jan tut so, als wolle er eine Geschichte erzählen. Da wird einer standrechtlich erschossen. Auch der Bildhauer greift hinein ins volle Menschensterben. Vor dem Schützen häufen sich leere Patronenhülsen. Hinter ihm findet sich eine Abflußrinne.

Vielleicht machte sich das Hinrichtungskommando in die Hose. Was sich solcherart in effigie darstellt, sieht realiter betrachtet wie folgt aus: aus einem auf der Erde liegenden vierkantigen Balken ragen an beiden Enden senkrechte Balken empor. Der eine steht sozusagen nackt und bloß da. Beim anderen wölbt sich trichterförmig zielend eine Durchbohrung nach vorne. In der Mitte zwischen beiden Kontrahenten ist eine rechteckige Wanne ausgehauen und hoch mit den Spänen, die dabei abfielen, gefüllt. Und der Abfluß ist lediglich ein Abfluß. Aber wahrscheinlich geriet selbst diese um Sachlichkeit bemühte Beschreibung zu poetisch. Und Jan hat uns mit seinem Formenspiel erfolgreich zum Narren gehalten.

29

Sabine liegt solches fern. Jetzt erkennen wir genau, daß sie sich etwas gedacht hat und was sie sich gedacht hat. Den dicken Stamm, den ein dünner umschlingt, haut sie vierkantig zu, daß die Späne fliegen. Den dünnen läßt sie glatt und rund. Und schon hat der Betrachter ein Aha-Erlebnis. Denn Kunst muß gar nicht kompliziert sein. Eine einfache Idee, vollkommen dargeboten, überzeugt. Denn Kunst – so lautet eine bewährte Regel, nicht allein für Bildhauer – heißt Weglassen.

30

Ladislav aus Luz meißelt aus seinem Stamm lauter Waldkobolde heraus. Wo anders können sie auch stecken als in den Bäumen? Ihr neckisches Treiben verleiht dem massiven Holz eine Leichtigkeit, die ihm sonst nicht eignet. Wer diese lebenssprühende Säule umkreist, vermeint sogar, Gelächter zu hören. Tatsächlich sieht man lachende Münder. Wie gut, daß es Bäume gibt, die noch etwas zu lachen haben.

31

Das Paar als Thema: ein klassisches Sujet. Zu viele Vorbilder bieten sich an, denen sich keiner so leicht entziehen kann. Wer annimmt, es habe daher in unserer „Postmoderne" – oder ist diese bereits schon wieder von einer neuen Kunstmode überholt? – ausgedient, irrt. Michael modelliert ein Pärchen. Schön und innig miteinander abgerundet. Von der Größe her könnten Liliputaner Modell gestanden haben. Dessen bedurfte es freilich nicht. Welchem Mann fehlte die Vorstellungskraft für eine Umarmung? Die Umarmung eines Paares ins Monumentale zu steigern, wagte Michael allerdings nicht. So „in" scheint ihm das Thema nun doch wieder nicht zu sein. Vielleicht will das kleine Format aber etwas ganz anderes zum Ausdruck bringen. Innige Zärtlichkeit gehört in den Bereich des Intimen. Sie verträgt kein Denkmal.

32

Das Paar als Thema: ein heikles Sujet. Leonas aus Vilnius legt bei der Gestaltung seines Paares keinen Wert auf Schönheit im klassischen Sinn. „Denn das Schöne ist nichts, als des Schrecklichen Anfang", schreibt Rilke, der nicht weit von hier in Prag das Licht der Poesie erblickte, in seiner ersten Duineser Elegie. Das Zitat ist gerade in diesem thematischen Zusammenhang am Platze. Bei dem Paar von Leonas sieht man nichts Abgerundetes. Jede der beiden Figuren, die einander zugewandt in etwa menschlicher Lebensgröße sich gegenüber stehen, wurde aus rechteckigen Klötzen aufgebaut. Die Klötze sind, damit sie nicht bei leisestem Anstoß auseinanderfallen, in solide Rahmen eingefügt. Die Stabilität der beiden Partner bleibt jedoch labil. Was sie miteinander verbindet, zeigt ein einfaches Brett an. Es kann sowohl Gefühle beinhalten als auch nichts anderes sein als ein Stück Holz. Es kann das Erstere der Fall gewesen und das Letztere geworden sein. Somit hat Leonas sein Paar hinreichend charakterisiert. Und was auf den ersten Blick eher abstrakt anmutet (ohne anmutig zu sein), ist völlig naturgetreu.

33

Das Paar als Thema: ein delikates Sujet. Eva aus Frankreich stellt einen Koitus dar. Honni soi qui mal y pense. Die Skulptur kann jedoch durchaus als jugendfrei gelten. Ganz abgesehen davon, daß die heutige Jugend diesbezüglich wesentlich drastischere Darstellungen gewöhnt ist. So vordergründig erschließt sich Evas Werk ohnehin nicht. Wie sie ihren Stamm zersägt, zerhackt und ausgehauen hat, läßt zunächst eher erahnen, daß sich hier zwei Körper vereinigen. Am deutlichsten weisen darauf noch die angedeuteten Köpfe hin. Der Voyeur dürfte vergebens nach primären oder sekundären Geschlechtsmerkmalen suchen. Solche haben schließlich auch nur einen untergeordneten funktionalen Rang. In erster Linie gilt der Koitus als Erfüllung von Sehnsüchten. Davon will Eva – von wegen nomen est omen! – jedoch nicht das Geringste erkennbar machen. Vielmehr findet eher eine gegenseitige Zerfleischung statt. Die Sehnsucht wird als Begierde entlarvt. Und mit dem Fleischlichen hat der Vorgang zweifellos zu tun. Ob manchmal oder oft oder gar immer mag jedes Paar für sich selbst entscheiden. Es überrascht, daß solches mit derart sprödem Material wie Holz einsichtig gemacht werden kann. Aber je tiefer man in das Hintergründige dieser ineinander verschlungenen, kaum sich voneinander abgrenzenden und nicht mehr zu trennenden Körper eindringt, umso mehr festigt sich die Überzeugung: dies darzustellen gelingt offenbar mit natürlich gewachsenem Holz am besten.

34

Kein Paar sondern eine Dreierschaft zwingt Milan aus Prag in eins. Drei Köpfe krönen als Kugeln einen zylindrischen Korpus. Eine Zeitlang steht er kompakt und zuverlässig da. Man spottet über die Deutschen: fänden sich drei von ihnen zusammen, gründeten sie einen Verein. Und es gibt viele deutsche Vereine, die heißen „Eintracht soundso". Von derlei Assoziationen hält sich Milan fern. Er stützt seine Dreieinigkeit mit massiven Seitenteilen ab, als traue er ihrer Eintracht nicht. Milan ist schließlich Tscheche.

35

Wie man sich täuschen kann. Oder nicht? Johann hat, bevor er Schwarzenberg in Richtung Haslach verließ, die Brustwarzen seiner Fruchtbarkeitsgöttin kreuz und quer mit Drähten verbunden. Verkabelte Brüste. Wie desillusionierend. Das Ganze wirkt nun eher wie eine elektrische Energiezentrale. Was aber unterscheidet ein modernes Kraftzentrum wesentlich von einer Göttin? Die uns in einer ovalen Verlängerung des Stammes nach wie vor forschend anblickt? Vermutlich hat Johann sein Eidolon, wie die Griechen ihre Kultbilder nannten, ganz zeitgemäß vom Archaischen ins Barbarische umgepolt. Darauf können auch die ovalen Ausfräsungen hindeuten, die am Fuße des Standbildes an Tabernakel erinnern. Doch diese stehen leer.

36

Keinen Zweifel am Standbild einer Göttin will Swetlana Nikolajewna aus Moskau aufkommen lassen. Man könnte ihr Werk auf den ersten schematisierenden Blick der naiven Kunst zuordnen. Doch das will wenig besagen. Viel einleuchtender wäre, es beileibe keinem sozialistischen, sondern einem magischen Realismus zuzuschreiben. Das Gewand der Göttin leuchtet rot, und das heißt schön, da im Russischen dasselbe Eigenschaftswort beides aussagt. Goldene Sterne säumen das Kleid in der Mitte. Das Idol steht auf einem grünen Sockel. Seine Hände umfangen eine Art Kerzenbaum, der von einer ockerfarbenen verschnörkelten Säule getragen wird. Das weiße Antlitz, in all seinen Zügen fein gezeichnet, mustert uns streng. Vielleicht schaut auch Mütterchen Rußland so strafend drein. Wenn da nicht der Strahlenkranz um ihr Haupt wäre. Ein Strahlenkranz aus Holzspänen. Erst die glatte Rückseite der Scheibe, auf die sie aufgeklebt sind, trägt einen gelben Anstrich. Die Späne selbst bedürfen der Farbe nicht. Holz kann sogar von sich aus leuchten. Wäre es eine Lästerung, Mütterchen Rußland zu vergöttlichen? Welche Göttin kann die Mütter Rußlands im Erdulden übertreffen? Und alle Mütter dieser Welt?

37

Hermann, Schöpfer der drei bereits erwähnten Throne, die Geisterkönige zum Residieren einladen, hat daneben ein monumentales Vogel-Idol errichtet. Der wuchtige Schnabel zielt auf den Betrachter, den die Vorstellung schreckt, dieses Urzeit-Geflügel könne einmal seine gewaltigen Schwingen ausbreiten, um sich rächend auf die Vergewaltiger der Vogelwelt zu stürzen. Die Flügel sind unverkennbar, denn Hermann, der sich sonst auf gewaltige Formen beschränkt, hat aus Holz ein Federkleid geschaffen. Diese Verbindung von Grobem und Feinstem macht die Skulptur zum Wunderwerk und durchaus der Wunder mächtig.

38

Maria kommt aus Krakau, der Stadt der 100 Kirchen. Das mag sie herausgefordert haben, eine Kultsäule hinzustellen, älter als alle Kirchen und jünger zugleich. Sie trägt einen goldbronzierten Helm, und in ihrem Rumpf finden sich magische Zeichen und Buchstaben eingeschnitten, die sämtlich golden schimmern. Man möchte wünschen, dieser Stele überraschend auf einer Waldlichtung zu begegnen, um in ungestörter Einsamkeit ihre geheimnisvolle Botschaft zu enträtseln. Am Abend zuvor kündigte das Zweite Deutsche Fernsehen eine Sendung an mit dem Titel: „Museum oder Mausoleum – wo bleibt die moderne Kunst?" Sie sollte unter Menschen zu finden sein, denn einzig dort bleibt sie lebendig.

39

Das dachte sich wohl auch Václav aus Prag. Mit unverdrossener Mühe schnitt er aus den geraden Stämmen gekrümmte Planken. Die hiermit gewonnene Wölbung verlängert und verkeilt er zu einer massiven Bogenkonstruktion. Diese möchte er am Aufgang zur Kirche von Schwarzenberg aufstellen, als Dauergabe. Noch ist ungewiß, ob der Pfarrer dazu sein Einverständnis gibt. Wenn ihm diese Art der Überbrückung als ein Büßerjoch erscheint, müßte ihm willkommen sein, daß seine Glaubenskinder darunter hindurchschreitend den Weg zum Gotteshaus suchen.

40

Mindestens 10 Tage lang nagelte Mircea aus Bucarest Latten zusammen. Erste Vermutungen zielen darauf ab, daß hieraus ein Wachtturm entsteht, wie sie einst die Grenzen zwischen Ost und West markierten. Aber als Mircea am unteren Ende seines langen, liegenden, nach hinten ansteigenden Kastens zwei Füße anbringt, schafft er neue Verwirrung. „Füße" ist allerdings zu verniedlichend, „Quadratlatschen" wäre zu frivol ausgedrückt, deutet aber die Dimensionen an. Erst am letzten Tag bekennt Mircea Farbe. Es müssen Farben der Verwesung sein, die von einem dahingestreckten Körper phosphoreszierend aufleuchten. Am Kopfende wird eine schmale Treppe sichtbar. "Über Gräber vorwärts", lautete einmal eine deutsche Parole aus heroischen Zeiten. „über Opfer aufwärts", könnte des Rumänen Hoffnung ausdrücken.

41

Terje aus Tallin nagelte ebenfalls Latten zusammen. Es entsteht eine Art Leiter, aber sie eignet sich nicht, um darauf irgendwo hinaufzuklettern. Zumal sie auf der Seite liegt und ungleich lange Sprossen aufweist. Das Ganze ähnelt mehr der Tastatur eines Xylophons, nach dem Griechischen xylon = Holz und phon = Ton. Die breiten Lamellen strich Terje rot an. Welche Musik hört die Estin auf diesem Instrument?

42

Der Slowene Roman nagelte aus Latten einen kompakten Baukörper zusammen, der ohne weiteres als Bar Verwendung finden könnte. Vielleicht war Roman nach feiern zumute.
Gleich daneben stehen zwei hölzerne Figurinen der Kroatin Jasna aus Zagreb. Ein buntbemaltes und höchst zerbrechliches Paar.
Ein größerer Kontrast wäre kaum vorstellbar, wenn Jasnas beinahe unwirkliche Geschöpfe wie in einer Karnevalslaune an Romans Bar träten.

43

Alois malt nicht an, er läßt einfärben. In seine ausgekehlten Vierkanthölzer schüttet er Holunderbeeren, die er zermanscht. Sie tränken das Holz mit Pflanzenblut.

44

Die natürliche Gabelung eines Stammes, besonders wenn sie sich weit auseinanderspreizt, bot sich mehrmals an, um eine Skulptur mit ausgestreckten Armen auszustatten. Der Japaner Makoto macht davon den gegenteiligen Gebrauch. Er will keinerlei menschliche Assoziationen wecken. Daher wählte er zwei Stämme aus, deren Gabelung ganz eng verläuft, einer Bratengabel vergleichbar. Diese verschränkt er ineinander derart, daß in die en face stehende Gabel die zweite sich frontal hinabsenkt. Danach gibt es keine „Gabeln" mehr. Eine ganz neue Form ist entstanden, ein Triplestamm sozusagen, falls noch eine Erinnerung an die ursprünglichen Baumbestandteile wachgehalten werden sollte. Makoto will das keineswegs, und so verblaßt diese Erinnerung bei längerer Betrachtung mehr und mehr. Doch durch einige morsche Einschlüsse, die nicht hinweggeglättet werden konnten, weht noch der Atem des Waldes.

45

„Eole" alias Nicole aus La Batie Montgascon läßt uns zwischen zwei Säulen hindurchschreiten. Man muß da schon „schreiten" und darf nicht einfach gehen. Eigentlich sind diese beiden Säulen auf einer Wiese nicht gerade de-, aber doch nur provisorisch plaziert. Es sind keine glatten Säulen. Mit der Motorsäge fügte ihnen „Eole" tiefe Schnitte zu. Es entstehen dadurch zwar keine geborstene Säulen, die fallen können über Nacht. Aber es wird doch einsichtig wie leicht eine Frau solch einen massiven Stamm in Scheiben schneiden kann. Ob es sich um tönende Säulen handelt und Nicole hölzerne „Eoles"-Harfen schuf, darüber darf spintisiert werden.

46

Eine Antwort auf die Frage, was Rudolfs Vierbeiner darstellt (Notiz Nr. l5), findet sich vielleicht bei Christian Morgenstern: „Das Mondschaf spricht zu sich im Traum: 'Ich bin des Weltalls dunkler Raum'".
Genau so sieht es aus. Und Rudolf macht eine Kinderschaukel daraus.

47

Henryka aus Warschau stellt dem großen Adoranten Mariateresas einen kaum kleineren gegenüber. Aber die zum Himmel gereckten Arme des Flehenden der Polin sind dreifach in Fesseln geschlagen. Eine einzige davon wäre massiv genug, um zu verhindern, daß sie gesprengt werden könnte. Wo Mariateresa Hilfe geradezu erzwingen will, läßt Henryka mit

Überdeutlichkeit jegliche Hoffnung fahren.

48

Vojtech aus Pilsen nähert sich Henryka mit einer ähnlichen Auffassung. Eine hohe Stele, die als Form zunächst allein für sich sprach, strich er schwarz und dunkelrot an. Das verleiht ihr eine düstere Wirkung. Am nächsten Tag sieht man sie an Brust und Rücken mit weißroten Pfeilen gespickt. Ganz ähnlich, wie Banderilleros den Nacken eines todgeweihten Kampfstieres bewimpeln. Ganz ähnlich aber auch, wie die Pfeile, durch die der heilige Sebastian den Märtyrertod erlitt. Kennzeichnend überhaupt: griechisch sebastos = der Ehrwürdige. Alles Ehrwürdige bleibt tödlichen Pfeilen ausgesetzt.

49

Pino aus Marano-Vicentino vereint scheinbar Unvereinbares. Dem Material Holz weist er eine dienende Funktion zu. Er zimmert aus daumendicken Brettern handlange quadratische Kästen. In diese legt er Steine hinein. Steine ganz verschiedener Art und unterschiedlicher Größe, gerade noch passend in das hierfür vorbereitete Behältnis. In viel viel kleinerem Maßstab kann man sich so eine Edelsteinsammlung vorstellen. Aber was heißt hier „edel"? Jeder Stein, den Pino aus der Großen Mühl herausholt, wird durch die Hand des Künstlers geadelt. Es handelt sich noch um ein work in progress. In eine der Kästen sprüht Pino eine gelbliche Kunststoffmasse hinein, die erhärtet und nur Spitzen des Steines herauslugen läßt. Was immer zuletzt daraus werden mag: daß Holz und Stein zueinander gehören – und als drittes Erde dazu –, zeigt sich in jedem Wald. Man braucht gar nicht erst den Dreisessel zu besteigen.

50

Manfred aus Altheim nimmt sich mit Fleiß verfaulte Stämme erklecklichen Durchmessers vor. Er höhlt und fräst sie vollends aus und sieht sich nach einigen Tagen von hölzernen Kesseln verschiedener Größe umgeben. Kochen läßt sich in ihnen nichts, allein weil ihnen der Boden fehlt. Die unterschiedliche Größe ergibt sich nicht willkürlich, sondern ist vorher genau vermessen. Denn Manfred steckt diese Kessel ineinander, den kleineren in den größeren und so mehrmals. Das System entspricht jenem der russischen Puppen in der Puppe. Doch hier verschwinden die kleineren Teile nicht in den größeren, sondern lassen diese vielmehr wachsen. Zuletzt steht so etwas wie eine übermannshohe hölzerne Blume da, ein Gewächs, wie es nur in Märchenwäldern gedeihen kann. Manfred krönt das Ganze mit einer Kugel. Mag jeder Kopf eine Kugel sein, muß doch nicht jede Kugel einen Kopf darstellen. Wir möchten sie als Stempel jener Wunderpflanze deuten, der auf Befruchtung wartet.

51

Die Estin Terje fügte der Kollektion der Paare ein weiteres Stück hinzu. Sie schuf es mit einfachsten Mitteln. Zwei manns- bzw. fraushohe Bohlen verschraubt sie vis-à-vis auf einem Sockel. Die Bretter sind dunkelbraun gebeizt. Das Profil der Gesichter des Bretterpaares markiert ein Strich weißer Farbe. Ein Astloch kennzeichnet jeweils das Auge, mit dem sie einander mustern. Sie halten sich auf Distanz. Das sollte der Betrachter auch tun. Denn falls er näher herantritt, befällt ihn ein Unbehagen. Beider Blick geht ins Leere.

52

Je mehr das Symposion dem Ende zugeht, umso mehr tut Beeilung not, die fertigen Produkte noch rechtzeitig zu erfassen. Hier stand gestern eine schlanke Säule, von einem roten Herz gekrönt. Wo blieb sie? Wer möchte nicht dem Herzen Verehrung zollen? Der Regen vertreibt die Künstler in Garagen und Zelte. Da verschreckt im Vorbeigehen eine Figur, deren Herz offensichtlich zu schlagen aufhörte. Sie wird mit Anthrazit, der Farbe der Fäulnis besprüht.

53

John aus Massachusetts sägt aus einem massiven Stamm nur wenige große Stücke heraus. Und schon steht ein Torso da, von dem Rilke wahrscheinlich, wie vor jenem Apolls, nicht gesagt hätte: „Du mußt dein Leben ändern!". Ändern muß der Betrachter jedoch zumindest seine Sehweise. Der Torso hat einen nicht aufgesetzten, sondern ebenfalls herausgeschnittenen Kopf. Er ist viereckig. Ein kantiger Schädel sozusagen. Passend zu einem kantigen Körper, der entstand, ohne daß der Künstler unmittelbar seine bildende Hand anlegte. Das muß John selbst als ein kleines Manko erschienen sein. So modellierte er eine Hand, beinahe „naturgetreu". Die bringt er aber nicht dort an, wo Hände gemeinhin zu finden sind, sondern überraschenderweise auf dem Kopf seiner vierschrötigen Figur. Es könnten sogar, was diese ungewohnte Plazierung bekräftigen würde, zwei Hände, und zwar gefaltete, betende Hände sein. John schrak davor zurück, ein Monument der Unmenschlichkeit zu schaffen. Doch am nächsten Tag ist die Hand verschwunden.

54

Rudolf aus Liberec, der Spaßvogel mit dem Mondschaf, hat den Schalk im Nacken. Gerade wird eine von ihm gefertigte solide Leiter abtransportiert, die irgendwo im Gelände aufgestellt werden soll. Mit dieser Leiter inniglich verbunden ist ein Läufer, der eigentlich nur aus Beinen und Armen besteht. In einem der Märchenwälder der Gebrüder Grimm „sahen sie einen, der stand da mit einem Bein und hatte das andere abgeschnallt und neben sich gelegt. Da sprach der Mann, der um die ganze Welt kommen wollte 'Du hast dir's bequem gemacht zum Ausruhen'. – 'Ich bin ein Läufer', antwortete er, 'und damit ich nicht gar zu schnell renne, habe ich mir das eine Bein abgeschnallt. Wenn ich mit zwei Beinen laufe, so geht's geschwinder, als wenn ein Vogel fliegt'". Von solchem Kaliber ist Rudolfs Läufer. Wie ein Vogel zu fliegen bleibt ihm allerdings verwehrt. Er bleibt, hinauf und herab, unentrinnbar an seine Leiter gefesselt.

55

Über Probleme des non finito in der Kunst wurden viele Bücher geschrieben. Abschied nehmen heißt es von Geralds unvollendetem Werk. Zuerst schuf er nach guter Zimmermannsart einen stabilen Tanzboden, der Schwarzenbergs Jugend mühelos ausreichend Platz böte. Aber dazu dient die respektable Plattform nicht. Gerald errichtet darauf Bögen aus Haselzweigen, die er am *Fuß* miteinander verflechtet. Tanzpaare könnten diese Haselkolonnaden durchschreiten, vielleicht auch Verlobte, denen, ein besonderer Segen zuteil wird. Aber das bleiben vorerst Spiele der Phantasie. Die Gefahr, daß dieses Werk unfertig zurückbleibt, besteht glücklicherweise nicht. Gerald wohnt in Julbach, gleich um die Ecke, und wird ohne Hast in den kommenden Tagen letzte Hand daran legen.

56

Die Phantasie überfordert Pilars noch unfertiges Ensemble aus Baumstamm, Balken, eisernen Verstrebungen, das noch in einem Steinhaufen verankert werden soll. Pilar stammt aus Barcelona, der Stadt eines Gaudi, Dali und Miró. Was von dorther kommt, übersteigt jede unbefangene Vorstellungskraft.

57

Schade. Das Symposion ist beendet. Nun gehen alle wieder auseinander, die gerade zu einer einzigen Künstlerfamilie zusammenwuchsen. Zurück in insgesamt 18 Länder. Dabei ist Schwarzenberg ein idealer Ort für Künstler. Das kann Horst Bernhard, der rührige Betreuer seiner Kollegen bestätigen. Er weiß selbst, „wie dem Holz zumut' ist", wie der Kunsthistoriker Wölfflin einmal Albrecht Dürer nachsagte. Horst, der Maler, spezialisierte sich vor allem auf Holzschnitte. Da die meisten Exponate in Schwarzenberg verbleiben, wird die Gemeinde um reizvolle Attraktionen bereichert. Sie verdankt es nicht zuletzt dem diplomatischen Geschick Dr. Aldemar Schiffkorns. Vielleicht sehen wir uns in zwei oder drei Jahren alle oder mit anderen wieder. Hier gibt es genug Wald, der, wie neuerdings auch die Menschen, keine Grenzen kennt. Bis dahin: Gut Holz! Das wünscht Walter Umminger, der sich jetzt um Brennholz kümmern muß.

Der Schriftsteller Walter Umminger war täglich auf der Symposionswiese. Er interviewte die Künstler nicht, sondern beobachtete sie nur bei ihrer Arbeit. Diese 57 Notizen sind seine subjektiven Impressionen. Er konnte aber nicht über alle Künstler schreiben, zwei Wochen waren dafür zu kurz.

Walter Umminger ist kurz vor Drucklegung des Kataloges in Schwarzenberg verstorben. Wir gedenken seiner in stiller Trauer.

Extra-Nachrichten
Linz, 20.08.1992

Kronen Zeitung
Linz, 22.08.1992

Internationales Künstlertreffen in Schwarzenberg:

Marktplatz als Werkstatt für Bildhauer aus aller Welt

(OÖN-fo). Zwei Wochen lang ist Schwarzenberg Zentrum eines internationalen Bildhauersymposions. 67 Künstler aus 17 Ländern gestalten ab Sonntag (23. August) dieses Treffen. Täglich werden sie den Marktplatz in eine Werkstätte verwandeln, um aus Holzklötzen Kunstwerke zu formen. Bei Regen übersiedeln die Künstler aus Europa und Amerika in ein großes Zelt. Bereits jetzt lokkern verschiedene Holzskulpturen das Ortsbild der Mühlviertler Gemeinde auf. Die Werke wurden im Vorjahr beim Bildhauersymposion in Lenora in Südböhmen geschaffen.

Initiator dieses Künstlertreffens ist die Landesregierung, die Gemeinde Schwarzenberg stellt das Rohmateriel für die Bildhauer zur Verfügung. Da die Mühlviertler erst im April erfahren haben, daß Schwarzenberg als Austragungsort das Rennen gemacht hat, muß die Gemeinde die Künstler privat unterbringen, weil viele Gästezimmer bereits ausgebucht waren. „Wir rechneten gar nicht mit so vielen Anmeldungen", berichtet Bürgermeister Ernst Greiner. Im Vorjahr nahmen nur 30 Bildhauer an diesem Symposion teil.

Nach Symposionschluß werden die neugeschaffenen Kunstwerke in Schwarzenberg ausgestellt. Der Ortschef denkt dabei an einen Skulpturenwanderweg. Im nächsten Jahr wollen die Bildhauer gemeinsam in einem bayrischen Ort ihre Arbeit aufnehmen. Wenn die neue Austragungsstätte feststeht, werden die Skulpturen an unser Nachbarland weitergereicht.

KULTUR-SPLITTER

● In der kleinen Mühlviertler Gemeinde Schwarzenberg am Böhmerwald beginnt morgen ein Internationales Holzbildhauertreffen. 67 Künstler aus 17 Ländern werden zwei Wochen lang gemeinsam im Mühlviertel arbeiten. Um auch die Bevölkerung miteinzubeziehen, arbeiten die Bildhauer auf einem Freigelände mitten im Ortszentrum, außerdem wird an den Wochentagen von 10 bis 12 und von 14 bis 17 Uhr ein eigenes „Kindersymposion" abgehalten, wo Kinder unter Aufsicht selbst gestalterisch tätig werden können.

Mühlviertler Rundschau
Linz, 27.08.1992

Kleiner Ort wird zum Nabel für Bildhauer

Festlicher Auftakt zum Bildhauer-Symposion: 67 Künstler arbeiten zwei Wochen in Schwarzenberg.

SCHWARZENBERG. Mit einem Festzug, angeführt von der Ortsmusikkapelle und begleitet von der Goldhauben- und Trachtengruppe wurden die aus 17 Ländern kommenden 67 Künstler zur Pfarrkirche geleitet. Ein Festgottesdienst, zelebriert von Pfarrer Othmar Wögerbauer und gestaltet von einem Männerchor aus dem Stift Schlägl, gab dieser Eröffnungsfeier einen festlichen Rahmen.

Beim Festakt wurden die Gäste von Bürgermeister Ernst Greiner in ihrer jeweiligen Landessprache willkommen geheißen. Die Festansprache hielt der Initiator des Symposions, Dr. Aldemar Schiffkorn. In seinen Ausführungen betonte er unter anderem, der Geist von Schwarzenberg sei Hilfsbereitschaft, Humanität und Toleranz. Ohne diese Eigenschaften sei ein derartiges Symposion in so einer kleinen Ortschaft nicht durchzuführen.

Schließlich wurde ein in drei Sprachen gehaltener Kunstkatalog vom vorjährigen Symposion in Lenora (Südböhmen) vorgestellt.

Die gemütliche Atmosphäre im Festzelt gab den Künstlern die Gelegenheit zur Kontaktnahme untereinander sowie mit der heimischen Bevölkerung.

Mühlviertler Rundschau
Linz, 3.09.1992

Ganzer Ort hilft bei Bildhauer-Symposium mit

Mit reger Anteilnahme verfolgen die Schwarzenberger das Symposiums „Grenzgänger".

SCHWARZENBERG. 67 Künstler aus 17 Ländern wetteifern in diesem Bewerb. Sogar aus Kolumbien, Argentinien oder New York sind Künstler auf eigene Kosten angereist.

„Wetteifern" ist eigentlich ein falscher Ausdruck. „Überall auf der Welt suchen die Bildhauer einen Neuanfang. Hier sind wir auf einer Stelle zusammen, jeder profitiert vom anderen", sagt der bekannte Holzbildhauer Johann Schramm aus Haslach.

Auch von der freundlichen Aufnahme durch die Schwarzenberger Bevölkerung profitieren die Künstler. So fanden fast alle trotz der Sprachbarrieren private Aufnahme bei Familien. Arbeiter halfen nach der Schicht mit Motorsägen mit, Mütter stellten sich mit Kaffee und Kuchen ein.

Mit Begeisterung hämmern, schneiden und schnitzen auch die Kinder. Mit tollen Werken eifern sie den berühmten Künstlern nach. Dr. Thomas Kus aus Pilsen (im Hintergrund) brachte einige Ideen in das Kindersymposium ein.

Kunst auf Wiese mitten im Ort

Mitten im Ort kann jeder verfolgen, wie sich die Holzbildhauer ihre Werke erarbeiten. Der Organisator des Symposiums, Dr. Aldemar Schiffkorn vom Büro für kulturelle Auslandsbeziehungen des Landes, weist auf die Einmaligkeit des Schwarzenberger Symposiums hin. Nicht nur von der Teilnehmerzahl her - erstmals können die Künstler die Ausmaße ihrer Werke selbst bestimmen. Bis zu 10 Meter hohe Skulpturen sind im Entstehen.

Die Werke sollen auch im Ort bleiben. So errichtet Laszlo Fisch-Kovacs aus Ungarn bei der Ortstafel Richtung Grenze ein großes Denkmal mit den Namen aller teilnehmenden Künstler.

„Das Symposium ist die beste Fremdenverkehrswerbung für Schwarzenberg. Die Harmonie, die vorherrscht, hilft auch bei der Überwindung der Fremdenangst", sagt Dr. Schiffkorn.

Das Thema „Grenzgänger" wird auch in anderen Bereichen mit Leben erfüllt. So traten die Musikkapellen aus Neu-Reichenau in Bayern und aus Pilsen/CSFR mit einem eigenen Spielmannszug auf.

Kinder aus drei Ländern beteiligen sich an einem Kindersymposium. Die Zwei- bis Vierzehnjährigen sind ebenfalls mit Eifer bei der Sache. Dr. Thomas Kus aus Pilsen, der das vorjährige Symposium in Lenora/CSFR organisierte, brachte eine gute Idee mit nach Schwarzenberg. Die Kinder erfragen von den Künstlern Adressen aus der ganzen Welt und schicken dorthin Briefe mit Selbstportraits. Die Kinder verständigen sich von Schwarzenberg aus also mit der ganzen Welt.

Auf Grund des Erfolges ist daran gedacht, das Symposium zu einer ständigen Einrichtung in Schwarzenberg, jährlich alternierend mit Orten in Bayern und in der Tschechoslowakei, zu machen. *Albin Gattermayr*

Extra-Nachrichten
Linz, 27.08.1992

Böhmische Fotos und Graphiken in Ulrichsberg

Im Rahmen des derzeit laufenden Schwarzenberger Bildhauersymposions stellt sich auch Ulrichsberg mit kulturellen Veranstaltungen ein. Im Kultursaal des Heimathauses werden Kunstfotos mit Motiven Südböhmens von Anna Kocourkova aus Pilsen ausgestellt. Zur gleich Zeit sind im Jazz-Atelier Graphiken, Radierungen und Plastiken von Thomas Kus zu sehen, der ebenfalls aus Pilsen kommt. Die Werke sind noch bis zum 25. September in der Mühlviertler Gemeinde zu besichtigen.

ОÖ. Landeskorrespondenz Nr. 204
Linz, 3.09.1992

PÜHRINGER ZU DERZEIT LAUFENDEM BILDHAUERSYMPOSION SCHWARZENBERG: ERFOLGREICHE VERANSTALTUNG KÖNNTE JÄHRLICH DURCHGEFÜHRT WERDEN

(LK) Noch bis kommenden Sonntag läuft in der Mühlviertler Gemeinde Schwarzenberg das internationale Bildhauersymposion, an dem 67 Künstler aus 17 Ländern teilnehmen. Landeskulturreferent Landesrat Dr.Josef Pühringer bewertet diese Veranstaltung angesichts des positiven Echos, des guten Verlaufs und der künstlerischen Ergebnisse als Erfolg.

Pühringer schlägt nun vor, daß diese in der Reihe "Grenzgänger" durchgeführte Veranstaltung regelmäßig abgehalten werden könnte. Nach seinen Vorstellungen wäre dies etwa in Form einer Triennale möglich, wobei als Veranstaltungsorte abwechselnd Gemeinden in Oberösterreich, Böhmen und Bayern in Frage kämen. "Schwarzenberg hat sich als guter Boden für die Künstler erwiesen. Dieses Symposion ist zweifelsohne ein wichtiges grenzüberschreitendes Künstlertreffen, dem es gelungen ist, Brücken zu den Nachbarn zu bauen und Grenzen abzubauen. Es wäre schade, wenn dies ein einmaliges Ereignis bliebe", spricht sich Dr.Pühringer für eine Institutionalisierung dieses Künstlertreffens aus.

Denik Nova' Pravda
Plzeň, 3.08.1992

Mühlviertler Rundschau
Linz, 10.09.1992

Navazuje na Lenoru

Město Schwarzenberg v Horním Rakousku od třiadvacátého srpna hostí mezinárodní sochařské sympózium ve dřevě. Tato akce navazuje na velice úspěšný první ročník, který se uskutečnil v naší republice v roce 1991, přesněji v pošumavské Lenoře. Tehdy vzbudilo toto sympózium nemalou pozornost sochařů i příznivců umění. Letošní, tedy druhý ročník, pořádá Země Horní Rakousko ve spolupráci se Spolkovým ministerstvem pro školství a kulturu Rakouska, MK ČR a plzeňské X CENTRUM. Na pořádání se účastní i další organizace pro rozvoj mezinárodních kulturních vztahů.

Tschechische Kultur im Dreiländereck

Künstler aus Pilsen stellen ihre Werke aus.

ULRICHSBERG. Im Rahmen des internationalen Bildhauersymposions in Schwarzenberg finden auch in Ulrichsberg zwei Ausstellungen statt: Der Künstler Dr. Thomas Kus stellt seine Objekte und Graphiken im Jazzatelier aus. Anna Kocourkova präsentiert ihre Fotokunst im Kultursaal des Heimathauses. Die Ausstellungsdauer wurde bis 12. September verlängert.

Bei der Eröffnung spielten ein Klarinettentrio aus Schwarzenberg auf und die Schwarzenberger Blasmusik machte in Schweizer Tracht der Bohmligg-Geister großen Wirbel. Die Ausstellungen, die bis jetzt nicht sehr gut besucht sind, erwarten in den letzten Tagen mehr Interesse.

OÖ. Nachrichten
Linz, 4.09.1992

„Kunstmeile" in Aigen/Schlägl und Bildhauersymposion in Schwarzenberg

Mühlviertel knüpft Kunstkontakte

Der „Astronaut" des Plastikers Erwin Reiter markiert kurz nach dem Ortsbeginn von Schlägl den Beginn der bis auf den Markplatz von Aigen reichenden „Kunstmeile", auf der zehn heimische Künstler ihre Werke präsentieren. Auch im knapp zehn Kilometer von Aigen-Schlägl entfernten Ort Schwarzenberg lassen sich Kunstkontakte knüpfen: beim zweiten „Grenzgänger"-Bildhauersymposion – bis Sonntag.

Eine Wiese im Ortsgebiet von Schwarzenberg im Mühlviertel ist Schauplatz des von der Bevölkerung mit großem Interesse verfolgten „Grenzgänger"-Holzbildhauersymposions, an dem mehr als siebzig Künstler teilnehmen. *Fotos: OÖN/möpe*

Gedacht ist die Aigen-Schlägler „Kunstmeile" als örtliche Begleitveranstaltung zur „Bauern"-Landesausstellung im Stift Schlägl, initiiert wurde sie vom Handel- und Gewerbeverein „Freunde von Aigen-Schlägl" in Zusammenarbeit mit dem Tourismusverband. Hatte die geglückte Mühlviertler Variante einer Kunstpräsentation im öffentlichen Raum dem als Organisator fungierenden Kaufmann Josef Jauker vorerst doch etwas Bauchweh bereitet („Wir haben ja nicht gewußt, ob es bei der Bevölkerung auf Verständnis stoßen wird"), so hat sich dies längst gelegt.

Jauker, dessen Kunstinteresse während des Studiums in Linz geweckt wurde, zeigt sich heute über den Erfolg der „Kunstmeile" beglückt. „Es war überhaupt kein Problem, für die Kunstwerke von Privatleuten Platz an Hauswänden oder auf Grundstücken zu bekommen." Ob es Horst Bernhards „Schöne Aignerinnen" (plastische Kombinationen aus Druckstöcken und Eisenrohren), Gerhard Wöß' Reibeputz-Bildtafeln oder Wolfgang Zöhrers aus Eisenblech geschnittene Skurrilwesen waren: um alle Werke herrschte ein G'riß. „Das Problem war letztlich, daß wir zuwenig Arbeiten hatten," schmunzelt Jauker, „denn immer wieder kamen Leute mit der Frage ‚Und für uns habt's nichts mehr?'".

Bleibendes für den Ort schuf Edda Seidl-Reiter mit ihrer „Stammbaum-Allee". Eine Pflanzung von 13 Hainbuchen, die Gelegenheit bieten, ein „Stammbaum-Halter" zu werden. Zum Preis von 2960 Schilling besteht Gelegenheit, einen Baum (plus einen Siebdruck von Seidl-Reiter) zu erwerben (der Erlös dieser Aktion kommt dem Sozialfonds der Gemeinde Schlägl zugute). Bleiben sollen auch die eindrucksvolle Granitskulptur „Throne" von Gabi Berger und eine der Granitplastiken von Gerald Bogner: „Durch die ‚Kunstmeile' sind auch die Gemeindeväter auf den Geschmack gekommen und wollen diese Werke ankaufen."

Für Jauker ein Grund, nach dem Ende der „Kunstmeile" (bis 26. Oktober) noch eine Kunstaktion zu starten: „Geplant ist eine Versteigerung von Kunstwerken der zehn teilnehmenden Künstler, wobei ein Teil des Erlöses der Gemeinde als Grundstock für ein ‚Kunstankaufsbudget' übergeben wird."

Wie es scheint, hat sich die durch Privatinitiative ins Leben gerufene „Kunstmeile" zu einem Meilenstein für das zeitgenössische Kulturverständnis in Aigen-Schlägl entwickelt.

Schwarzenberg zeigt Kunstverständnis

Ähnlich aufgeschlossen wie die Aigen-Schlägler zeigten sich auch die Bewohner von Schwarzenberg, als sie mit dem vom Büro für kulturelle Auslandsbeziehungen des Landes Oberösterreich geborenen Projekt eines Holz-Bildhauersymposions konfrontiert wurden.

Seit Beginn dieser Woche werken auf einer Wiese im Ort über 70 Künstler aus Österreich, den ehemaligen Ostblockstaaten, aus Italien, Deutschland, Spanien und sogar aus Übersee. Das Schwarzenberger-Symposion ist die Fortsetzung eines „Grenzgänger"-Projekts, daß mit einem Bildhauersymposion in Lenora (Südböhmen) im Vorjahr seinen Anfang nahm.

Aldemar Schiffkorn, ehemaliger Leiter des Linzer „Offenen Kulturhauses" und jetziger des Büros für kulturelle Auslandsbeziehungen: „Nicht nur Bürgermeister Ernst Greiner, die Gemeinde und der von Horst Bernhard geleitete ‚Kulturring', sondern alle Schwarzenberger waren von der Idee begeistert und unterstützen dieses Kultur-Projekt vorbildlich. Viele von ihnen sogar sehr handfest, indem sie den Künstlern bei der Arbeit helfen oder Werkzeuge zur Verfügung stellen."

Die fruchtbaren Kulturkontakte will man deshalb beibehalten: „Noch sind wir auf der Suche nach einem Ort in Bayern, wo das Symposion nächstes Jahr stattfinden soll. Im Gespräch ist Neu-Reichenau, und wenn dies klappt, könnte die Veranstaltung künftig als Triennale zwischen Lenora, Schwarzenberg und Neu-Reichenau für eine kulturelle Belebung der Grenzregionen sorgen."

■ PETER MÖSENEDER

Neues Volksblatt
Linz, 4.09.1992

Holzbildhauersymposium in Schwarzenberg soll Fortsetzung finden

Triennale im Grenzraum

„Ob der Franz, der mit seinem Traktor die schweren Stämme mal hierhin, mal dorthin transportiert, sie umlegt oder wieder aufrichtet, in seinem Leben schon einmal einen leibhaftigen Bildhauer gesehen oder ihm gar bei der Arbeit geholfen hat, darf bezweifelt werden. Jetzt ist er gut Freund mit allen. Und auf Künstler, die bekanntlich alle Verrückte sind, läßt er nichts mehr kommen." Walter Umminger, Schwarzenberger, Sportjournalist und Schriftsteller, faßt täglich seine Eindrücke vom 2. Holzbildhauersymposium zusammen.

Die Begegnung von Künstlern und Einheimischen im Mühlviertler Grenzort verlief von Beginn an für beide Seiten zufriedenstellend. Von körperlicher Arbeit verstehen die Schwarzenberger viel, und da der Böhmerwald bis an den Ort heranreicht, auch vom Arbeiten mit Holz. So begannen die „67 Bildhauerinnen und Bildhauer aus 17 Ländern" auf einer Wiese im Ort unter den fachkritischen Augen der Bewohner zu werken. Als dann auch die Damen gekonnt zur Motorsäge oder Axt griffen und die vom Stift Schlägl zur Verfügung gestellten Baumstämme mit Sachverstand bearbeiteten, war das Eis gebrochen.

Viele Teilnehmer hatten einander schon voriges Jahr in Lenora in der CSFR beim 1. Holzbildhauertreffen kennengelernt. Die damals geschaffenen Werke sind auf einem „Skulpturenweg", der sich durch ganz Schwarzenberg zieht, zu sehen.

Entstanden ist diese „Grenzgänger"-Veranstaltung aus den intensiven Kontakten des Büros für kulturelle Auslandskontakte des Landes Oberösterreich mit der Pilsner Kulturvereinigung X-Zentrum. Schwarzenbergs Bürgermeister Ernst Greiner wünscht sich dieses internationale Künstlertreffen als eine ständige Einrichtung alle drei Jahre. Ein Wunsch, der in Erfüllung gehen könnte. Denn auch Kulturlandesrat Dr. Josef Pühringer strebt eine „fixe Triennale in der Grenzregion Bayern, Böhmen und Oberösterreich" an. Und so steht zur Zeit an erster Stelle auf der Wunschliste eine bayerische Gemeinde, die bereit ist, die doch zeit-, geld- und kräfteraubende Durchführung des 3. Symposiums auf sich zu nehmen.

Das internationale Holzbildhauertreffen in Schwarzenberg läuft noch bis Sonntag.

E. Sch.

Die Holzskulpturen fügen sich harmonisch in die Landschaft um Schwarzenberg ein. Foto: E. Schiffkorn

Salzburger Nachrichten
Salzburg, 9.09.1992

Künstler im Grenzort werden zu Grenzgängern
Zusammentreffen, um neue Formen zu finden

Beim Schwarzenberger Bildhauer-Symposion geht es um Kunst und Verständigung

Über der Straße steht auf einem Spruchband geschrieben: Bildhauer-Symposion Schwarzenberg. Unwillkürlich erinnert man sich an den Schwarzenbergschen Schwemmkanal, das Meisterwerk einer Technik, die mit der Natur ging. Auf der anderen Seite des Böhmerwaldkamms und jenseits des Plöckensteinersees, genauer in Oberplan im Geburtshaus des Dichters Adalbert Stifter, ist darüber eine Bilddokumentation zu sehen.

Auf Initiative der Fürsten Schwarzenberg wurde der Kanal 1822 gebaut, und Fürst Karl zu Schwarzenberg, Berater von Vaclav Havel, hat jetzt persönlich den Ehrenschutz über dieses Symposion übernommen. Hier freilich werden keine Baumstämme zu Tal befördert. 58 Künstler aus 17 Ländern sind am Werk. Man verständigt sich durch ein gestisch intensiv unterstütztes Esperanto-Mix.

Unter dem Gesichtspunkt der Verständigung ist dieses Symposion zustande gekommen. Bei einer Ausstellung in Prag konnte Dr. Aldemar Schiffkorn, Leiter des Büros für kulturelle Auslandsbeziehungen des Landes Oberösterreich, Kontakte zum Kulturzentrum Pilsen knüpfen. Im Vorjahr wurde als Folge das 1. Internationale Bildhauersymposion in Lenora/Südböhmen veranstaltet.

Seine Ergebnisse, dem Handwerklichen jederzeit verpflichtet und archaische und doch neue Formen findend, sind im ganzen Ort Schwarzenberg bis zum Einbruch des Winters auf einem Skulpturenweg zu sehen. Dieser sucht seinesgleichen. Und das wird er bekommen, wenn die jetzt entstehenden Holzskulpturen aufgestellt werden. Mit diesem 2. Symposion, das vom 23. August bis 6. September stattfand, ist auch schon die Idee aufgetaucht, eine Biennale oder — wenn ein bayrischer Grenzort mitmacht — eine Triennale daraus entstehen zu lassen.

Denn man muß lernen, über Grenzen zu gehen, wie die Künstler, die eine mythische Skulpturen-Landschaft hier erschaffen haben. Um Zugang zu ihnen zu finden, muß man auch die Grenzen des Rationalen überschreiten, zu den urtümlichen Formvorstellungen des Menschen gelangen. Darüber sind sich Horst Bernhard vom Schwarzenberger Kulturring und Bürgermeister Ernst Greiner völlig einig.

Mit diesem grenzüberschreitenden Künstlertreffen sollen Brücken zum Nachbarn hinüber errichtet werden, wurde ein beispielhafter Kontakt zur Bevölkerung geschaffen, wurde auf die Grenzlandsituation Rücksicht genommen. Man kann es ja nicht so machen, daß man einem solches „Grenzgänger"-Unternehmen einen Raum-Ort einfach von außen „verpaßt", wie dies bei der Italien-Ausstellung in Schloß Parz bei Grieskirchen geschehen ist.

Hier in Schwarzenberg hat man Freunde gefunden, auch durch Begleitveranstaltungen wie einem Kindersymposion, Tanzabenden und gemeinsamen Wanderungen. Im wohl einzigartigen Freiluft-Atelier auf der grünen Wiese gehen und kommen die Besucher. Und sie verstehen, daß auch hier Techniken verwendet werden, die mit der Natur gehen, daß die verfugten Stelen, die geschnitzten Pfähle, die Menschenfiguren aus Holz auch auf die Umwelt aufmerksam machen.

Dasselbe wird der zweite Skulpturenweg in Schwarzenberg, hoch oben an der tschechischen Grenze, tun. Goran hat ein Minihaus gebaut, das Modell solcher Häuser, wie sie in Kroatien gebaut werden. Ein Haus: Geborgenheit. Goran hofft, daß er eines Tages sein Haus wieder aufbauen und Verständigung mit den Nachbarn finden kann.

Roswitha Reichart

Mühlviertler Rundschau
Linz, 10.09.1992

Hermann Eckerstorfer schuf in Schwarzenberg einen übergroßen Vogel, der einen Wächter symbolisiert.

Prächtige Kulisse inspirierte Bildhauer

Vom Bildhauer-Symposion in Scbwarzenberg ist auch Hermann Eckerstorfer begeistert.

HELFENBERG. Hermann Eckerstorfer, geboren in St. Peter/Wbg., ist seit 16 Jahren Lehrer und Kunsterzieher in Helfenberg. Künstlerisch betätigt er sich seit sechs Jahren.

Er malt Bilder mit Lack und Pastellkreide. Der plastische Bereich ist dabei mitgewachsen. Metallplastiken fertigt er aus Schrott. Vorwiegend meißelt er aber Steinplastiken.

Seit vorigem Jahr beschäftigt er sich auch als Holzbildhauer. Schwere urwaldähnliche Stämme dienen ihm als Werkstoff. Beim Bildhauer-Symposion in Schwarzenberg schuf er drei riesige Sessel in Anlehnung an die Sage vom Dreisesselberg. Zusätzlich einen übergroßen Vogel, welcher einen schützenden Wächter darstellen soll.

Von der Schwarzenberger Veranstaltung ist er hellauf begeistert. Obwohl selbst waschechter Mühlviertler, war es für ihn faszinierend, vor der Kulisse des Böhmerwaldes zu arbeiten. Anregend fand er die persönlichen Kontakte zu den Künstlerkollegen. Einladungen bis nach Argentinien wurden ihm angeboten.

Künstler als Grenzgänger

Internationale Begegnungen in Parz und Schwarzenberg

von Roswitha Reichart

„Von Moskau an ging's weiter." Der das sagt, Dr. Aldemar Schiffkorn vom Büro für kulturelle Auslandsbeziehungen des Landes Oberösterreich, weiß, wovon er spricht. Er denkt an die Austausch-Ausstellungen oberösterreichischer und italienischer Künstler in Italien und Linz im Herbst 1990, an die Prager Präsentation, an die sich ein Bildhauersymposion in Lenora in Südböhmen anschloß. Kaunas und Vilnius in Litauen waren weitere Stationen der Begegnung, die ebenfalls zu einem Austausch führten. Es bedeutete jedesmal vollen Einsatz, Erstellung des Katalogs, Vorbereitung für den Zoll und die Unberechenbarkeiten des Transports. Dann allerdings war bereits die Phase der Realisierung erreicht. Vorhergegangen war eine intensive Korrespondenz.

Grenzen zu überschreiten, ins Gespräch zu kommen, auch im Schaffen noch über die eigenen Grenzen zu gehen, ist jederzeit das Anliegen der Künstler. Das „Grenzgängerische" liegt in der schöpferischen Natur.

Man konnte das spüren in der Ausstellung „Lo sguardo ritrovato". In ihr hatten sich zehn italienische und fünf oberösterreichische Künstler zusammengefunden. „Der wiedergefundene Blick", die wiedererlangte Fähigkeit, die Welt wahrzunehmen, wie sie ist und daraus neue Visionen zu gewinnen, bildete den Angelpunkt dieser Präsentation im Künstlerzentrum Schloß Parz. Zusammengestellt wurde sie von Dr. Boris Brollo. Der Kunstexperte, der selbst auch Künstler ist, leitet die Galerie in Portogruaro. Sie hatte schon öfters österreichische Künstler bei sich zu Gast.

Ganz bewußt haben Dr. Aldemar Schiffkorn und Dr. Horst Bernhard, Leiter des Kulturringes von Schwarzenberg, auf einen guten Kontakt zur Bevölkerung Wert gelegt. Nach dem Bildhauersymposion in Lenora/Südböhmen im vergangenen Jahr wurde heuer wieder ein solches Künstlertreffen ausgeschrieben. Zwei Wochen lang arbeiteten 58 Objektgestalter aus 17 Ländern beim 2. Internationalen Bildhauersymposion im Dreiländereck, auf dem großen Freigelände von Schwarzenberg. Im ganzen Ort sind auf einem Skulpturenweg die Ergebnisse des Bildhauersymposions von Lenora aufgestellt. Auch ein Kindersymposion fand statt. Wie begeistert die jugendlichen Holzplastiker bei der Arbeit waren, ist ebenfalls sehr schön präsentiert im Freien zu sehen. Technik und künstlerische Intuition, kreative Idee und handwerkliches Können, Gestaltungen aus dem Bereich des Mythischen und zur Umweltproblematik: Hier kam das alles zum Tragen. Diese zum Teil hohen, geschnitzten und gestalteten Stelen und Holzplastiken haben in Schwarzenberg auf einem zweiten Skulpturenweg Platz gefunden. Die Menschen, die in einer freundschaftlichen Weise das Bildhauersymposion begleitet haben, werden die Skulpturen noch bis zum Wintereinbruch im öffentlichen Raum sehen können.

Fruchtbarkeitsgöttin von Johann Schramm, Haslach

In der „Grenzgänger"-Reihe sind heuer noch Präsentationen auf grenzüberschreitender Ebene in Genua, Padua, Vicenca und Portogruaro geplant. Wenn die Bestrebungen positiv verlaufen, könnte aus der Biennale Lenora/Schwarzenberg auch eine Triennale werden, sobald sich ein bayerischer Ort als Gastgeber bereit erklärt. Diese Hoffnung sprach Landeskulturrat Dr. Josef Pühringer aus. ■

Blick über das Freigelände des Bildhauersymposions Schwarzenberg *Fotos: Reichart*

O.Ö. Landeskorrespondenz
Linz, 26.05.1993

"GRENZGÄNGER"

(LK) Beim Internationalen Bildhauersymposion Lenora 1991 und Schwarzenberg 1992 entstanden Holzskulpturen von beachtlicher Größe, bis zu 10 Meter hoch, und deshalb nicht mehr tansportabel. Die Bildwerke des letzten Symposions verbleiben daher in Schwarzenberg am Böhmerwald, wo sie in einem Skulpturenpark auf Dauer öffentlich ausgestellt werden.

Prof.Peter Paul Wiplinger hat eine Fotodokumentation über diese beiden Internationalen Bildhauersymposien angefertigt, die am 28.Mai, um 19.30 Uhr in Haidmühle im Bayerischen Wald gezeigt werden wird, dem Austragungsort des 3.Internationalen Bildhauersymposions von 22.August bis 5.September 1993. Die Ausstellung ist in der Mehrzweckhalle bis 13.Juni 1993 zu sehen.

Diese wichtigen grenzüberschreitenden internationalen Künstlertreffen in Grenznähe tragen den Namen "Grenzgänger" und verwenden als Symbol den zweigesichtigen Gott Janus. Er ist der Gott des Heute und Morgen, der nach beiden Seiten blickt, nach vorne und nach hinten - und über Grenzen.

Bei den Bildhauersymposien handelt es sich um bedeutende internationale Kunstereignisse, die aber auch klare kulturpolitische Ziele verfolgen: Den Nachbarn entgegenzugehen, die Grenzen im eigenem Kopf und im eigenem Herzen zu überschreiten, zu sich selbst zu finden und vielleicht auch dadurch leichter zum Nächsten, die Grenzen der eigenen Enge, der Kleinmütigkeit und der eigenen Begrenztheit hinter sich zu lassen. Es geht um ein neues Denken, um einen neuen Geist im neuen Europa, von dem wir nie geglaubt hatten, daß es so rasch realisiert werden würde.

Die Internationalen Bildhauersymposien wurden vom Büro für kulturelle Auslandsbeziehungen des Landes Oberösterreich initiiert und betreut. Sie sind als Triennale im Grenzraum Böhmen, Österreich und Bayern konzipiert. Letztes Jahr nahmen am Bildhauersymposion Schwarzenberg am Böhmerwald an die 70 Künstler aus 17 verschiedenen Ländern der Erde teil.

Ceský Böhmen Expres
Plzeň, 9/1994

Ve znamení Trianglu
Im Zeichen des Triangels

Lenora - Schwarzenberg - Haidmühle

Sympozium, to je především setkání, porozumění, práce v prostoru a čase. Je to zároveň navázání na prastaré tradice, kdy spojili své síly mecenáši, umělci a politici. Uskutečnit mezinárodní setkání sochařů napadlo paní Annu Kocourkovou v době, kdy se spolu s přáteli scházeli u řezbáře Václava Kašpara v Žákavě. Na začátku byla souhra příznivých okolností, která ovlivnila všechno, co následovalo. S konkrétním návrhem přišla ve Francii žijící výtvarnice Eva Roučka. Hledalo se vhodné místo u hranic, které by splňovalo alespoň nejnutnější podmínky pro práci sochařů. Ubytování v rekreačním středisku tušimické elektrárny, vstřícný starosta a ředitel místní sklárny rozhodlo, že volba padla na jihočeskou Lenoru. V druhé polovině června roku 1991 začalo pracovní setkání sochařů (dřevařů) z různých zemí světa, nazvané "Pod oponou".

Pochopitelně, že taková akce nezůstala utajena a rakouská televize natočila z Lenory hodinový pořad s pozoruhodným ohlasem. Rakouská strana projevila přání, aby se podobné sympozium po roce konalo na rakouské straně hranic - ve Schwarzenbergu. Tamější organizátoři - zvláště PhDr. Aldemar Schiffkorn z oddělení mezinárodních kulturních vztahů hornorakouské vlády a dr. Horst Bernhard - udělali maximum pro to, aby o rok později na přelomu srpna a září se na podobném sympoziu, tentokrát pod názvem "Grenzganger" sešli umělci znovu. Sochy z Lenory byly převezeny do Schwarzenbergu a lemovaly cestu ke kostelu v den zahájení mezinárodního sympozia. Umělci měli k dispozici velkou louku, kde pracovalo pohromadě na padesát sochařů z ČR, SRN, Rakouska, USA, Francie, Argentiny, Japonska, Polska, Maďarska, Rumunska, Itálie, Litvy, Chorvatska, Španělska, SR a Ruska. Pozvání obdrželi všichni, co byli v Lenoře, a přihlásili se další.

Všechna díla, vytvořená ve Schwarzenbergu byla na různých místech instalována a bez známek vandalství tam stojí dodnes. Stejně jako v dalším sousedství ve Spolkové republice Německo. V pohraničním Haidmühle se loni na přelomu srpna a září završil cyklus tří mezinárodních setkání sochařů. Přihlásilo se 54 sochařů, opět měli vynikající podmínky ke své práci. Po skončení sympozia byla všechna díla umístěna podle přání autorů buď přímo v Haidmühle, případně ve volné přírodě.

Letos v září se sejdou všichni znovu v Lenoře. Opět se na přípravě podílela skupina nadšených lidí - hlavní organizátoři ze Společnosti IF Plzeň, za podpory Ministerstva kultury ČR, sklárna v Lenoře, obec Lenora a řada sponzorů, mezi nimiž je i švýcarská Nadace PRO HELVETIA, podporující výměnné kulturní styky.

■ Ein Symposium ist vor allem ein Meeting, Verständnis, Arbeit in Raum und Zeit. Es ist gleicherweise ein Anknüpfen an uralte Traditionen, als Mäzene, Künstler und Politiker ihre Kräfte vereinten. Der Gedanke, ein Bildhauertreffen zu arrangieren, kam Frau Anna Kocourková während ihrer Treffen mit ihren Freunden beim Holzschnitzer Václav Kašpar in Žákava. Es begann mit dem Zusammenspiel günstiger Umstände, das letztendlich alles bewirkte, was folgte. Einen konkreten Vorschlag brachte die in Frankreich lebende bildende Künstlerin Eva Roučka. Man suchte einen geeigneten Ort an der Grenze, der die zumindest notwendigsten Bedingungen für die Arbeit der Bildhauer erfüllen würde. Die Unterkunft im Erholungszentrum des Kraftwerkes von Tuschmitz, der entgegenkommende Bürgermeister und der Direktor der örtlichen Glashütte entschieden, daß das südböhmische Eleonorenhain ausgewählt wurde. In der zweiten Junihälfte des Jahres 1991 begann das Arbeitstreffen der Bildhauer (Holzschnitzer) aus verschiedenen Ecken der Welt, benannt "Unter dem Vorhang".

Schwarzenberg 92 *Foto K. Kocourek*

Begreiflicherweise blieb ein solches Vorhaben nicht verborgen, und das österreichische Fernsehen widmete Eleonorenhain ein einstündiges Programm, das ein bemerkenswertes Echo fand. Die Österreicher äußerten den Wunsch, ein solches Symposium im folgenden Jahr auf österreichischer Seite - in Schwarzenberg-zu veranstalten. Die dortigen Organisatoren - insbesondere Doktor Aldemar Schiffkorn aus dem Dezernat für internationale Beziehungen der oberösterreichischen Landesregierung und Doktor Horst Bernhard setzten sich maximal dafür ein, im nächsten Jahr um die Wende der Monate August - September ein ähnliches Künstlertreffen mit dem Slogan "Grenzgänger" erneut zu veranstalten. Die Statuen aus Eleonorenhain wurden nach Schwarzenberg gebracht und säumten beim Beginn des internationalen Symposiums den Weg zur Kirche. Den Künstlern wurde eine große Wiese zur Verfügung gestellt, auf der fünfzig Bildhauer aus Tschechien, der Bundesrepublik, Österreich, den USA, Frankreich, Argentinien, Japan, Polen, Ungarn, Rumänien, Italien, Litauen, Kroatien, Spanien, der Slowakischen Republik und Rußland zusammenarbeiteten. Alle, die in Eleonorenhain mitgemacht hatten, wurden eingeladen, es meldeten sich aber auch weitere. Alle in Schwarzenberg geschaffenen Werke wurden an verschiedenen Stellen installiert und stehen ohne Merkmale eines Vandalismus bis zum heutigen Tag dort. Desselben, wie in der Nachbarschaft, der Bundesrepublik Deutschland. Im grenznahen Haidmühle erlebte im Vorjahr um die August- Septemberwende der Zyklus "Drei internationale Bildhauertreffen" seinen Höhepunkt.

Erneut meldeten sich 54 Bildhauer - Holzschnitzer, die Bedingungen für ihre Arbeit waren wiederum exzellent. Nach Beendigung des Symposiums wurden sämtliche Werke auf Wunsch der Autoren entweder direkt in Haidmühle, bzw. in freier Natur aufgestellt.

Diesjährig im September treffen alle erneut in Eleonorenhain zusammen. An den Vorbereitungen beteiligte sich wiederum eine Gruppe begeisterter Fans - die Hauptorganisatoren sind Mitglieder der Gesellschaft IF Pilsen, mit Unterstützung des Kultusministeriums der Tschechischen Republik, die Glashütte in Eleonorenhain, die Gemeinde Eleonorenhain und eine stattliche Reihe von Sponsoren, unter ihnen ebenfalls die schweizerische Stiftung PRO HELVETIA, die Austauschkulturkontakte fördert. **J. SVĚTLÍKOVÁ**

Was ist los, Nr. 11
Linz, November 1993

Alois Lindenbauer – „Grenzübergang" über die Kalte Moldau.
Fotos: Linschinger / Text: Cervicek

„Zusammen wachsen" – unter diesem Motto kam es zum schöpferischen Austausch von Ideen und neuen Formen.

Nächstes Jahr in Lenora

3. Internationales Bildhauer-Symposium

Wer sich heute von Haidmühle entlang der Kalten Moldau im Bayerischen Wald als „Grenzgänger" hin zum Böhmerwald nach Volary (Wallern) versucht, hat nichts mehr zu befürchten. Es sei denn, man zögert bei Einbruch der Dunkelheit vor der Begegnung mit den mystisch aufragenden Relikten einer „aufregenden, von Freundschaft und gegenseitigem Verständnis getragenen" Zeit.

Zusammen wachsen

Unter dem Titel „Zusammen wachsen" wurde nunmehr im Herbst die 1991 in Lenora (ČR) begonnene und in Schwarzenberg im Mühlviertel fortgesetzte Reihe der internationalen kulturellen Begegnung in Haidmühle (Bayern) weitergeführt.

Haidmühle war der dritte Veranstaltungsort am Dreiländereck zwischen der Tschechischen Republik, Österreich und Deutschland. „Zusammen wachsen" ist das Thema, unter dem die diesjährige Veranstaltung stand.

„Es geht nicht darum, neue Grenzen zu errichten, sondern Brükken zum Nachbarn zu bauen und Grenzen, auch in unseren Köpfen und Herzen, abzubauen", nennt Dr. Aldemar Schiffkorn (Büro für kulturelle Auslandsbeziehungen des Landes Oberösterreich) die Intentionen des Internationalen Holzbildhauer-Symposiums.

Mehr als 60 Künstler aus 16 Nationen haben ihre in Haidmühle geschaffenen Skulpturen als „grenzüberschreitende" Wegweiser über das Dreiländereck zur Verfügung gestellt – als weithin sichtbare Symbole der Völkerverständigung und Freundschaft.

Wir wandern die Kalte Moldau entlang zum ehemals verminten Grenzstreifen, am „Eisernen Vorhang", wie er bis vor vier Jahren noch hieß. Heute führt hier ein Wanderweg hin zu den Nachbarn am Fuße des Dreisesselberges. Das historische Dreiländereck zwischen Bayern, Tschechien und Oberösterreich, das endlich kein Niemandsland mehr ist.

Die ersten Skulpturen wurden bereits aufgestellt. Sie neigen sich einer besseren, von gegenseitigem Verständnis getragenen Zukunft zu. Napoleon Tiron, Dekan der Kunstakademie Bukarest, weist mit weit ausholender, einladender Geste nach Norden: „Dort ist schon Böhmen!" Er agiert, als ob er einen alten gemeinsamen Freund vorstellt. Eine riesenhaft aufragende Skulptur tut es ihm gleich.

Wir begegnen Sabine Seisenbacher aus Amstetten. Im väterlichen Betrieb hat sie Zimmerfrau gelernt. Jetzt gestaltet sie ein Schiff. Der Bug weist hin zur „ehemaligen" Grenze. Bewegung, Reisen, Mobilität heißt die Botschaft.

Im Lager der Bildhauer treffen wir auf Alois Lindenbauer aus Weyer. Er war bereits 1991 in Lenora dabei. „Es war dies für mich ein grundsätzlich neues Erlebnis. Alle standen wir unter dem inneren Bedürfnis, nach der Grenzauflösung kreative Zeichen zu setzen. Ein Jahr später haben wir in Schwarzenberg eine Vertiefung unserer kulturellen Beziehungen erfahren. Die weiteren Ereignisse in Südosteuropa haben uns gezeigt, daß wir uns noch lange nicht darauf ausruhen können. Wir werden weiterarbeiten."

Aldemar Schiffkorn spricht von seiner Vision der „Grenzgänger", die er mit dem Projekt zu verwirklichen sucht: „Mit dieser Initiative sollte ein Zeichen der Hoffnung gesetzt werden, daß im kulturellen Bereich keinerlei Barrieren bestehen. Als optisches Symbol für das Kunstprojekt ‚Grenzgänger' dient der altrömische Gott Janus, der Gott mit den zwei Gesichtern, der nach vorne und nach hinten blickt, der Gott von heute und morgen, von Anfang und Ende, der Gott, der auch über die Grenzen schaut.

Die Künstler sind es, die die Grenzen überschreiten und nach der geistigen Einheit des Kontinents suchen, der lange zerstükkelt war, durch nationalistische und ideologische Häresien.

Jedes Kunstprojekt im Zyklus ‚Grenzgänger' ist mit einem Aufruf an die Bevölkerung des jeweiligen Landes verbunden, Grenzen zu überschreiten.

Grenzüberschreitende Wegweiser am ehemals „Eisernen Vorhang".

Skulptur von Kurt Mattaus aus Bregenz.

Schwerarbeit für Maria Moroz aus Krakau.

Was ist los, Nr. 11
Linz, November 1994

Jana Yrtělová (ČZ) - Schwerarbeit am Tannenholz. Fotos: Cervicek

Skulpturenpark Schwarzenberg - Zeugen der kulturellen und menschlichen Begegnung.

Grenzgänger – Irrende – Suchende

Bildhauersymposien im Böhmerwald

Unsere Betrachtung des Heute und des Morgen wird fortan mehrdeutiger und komplizierter sein. Wir werden nur dann erkennen und reflektieren können, wenn wir uns entschließen, mit den Irrenden zu irren und mit den Suchenden zu suchen."

Diese Erklärung des Vorsitzenden des Zentrums der westböhmischen Schriftsteller, Josef Hrubý, an die Teilnehmer des internationalen Symposions „Macht und Ohnmacht des Geistes" im September 1993 in Schwarzenberg führt eigentlich bereits in die inhaltlichen Überlegungen der Bildhauersymposien im grenzüberschreitenden Dreieck Böhmen, Bayern und Oberösterreich.

Der Grundstein zu den heute so ungemein tiefen Kulturbeziehungen mit unserem nördlichen Nachbarland wurde unmittelbar nach der „samtenen Revolution" mit der vielbeachteten Kunstschau „Grenzgänger" im Oktober 1990 in Prag gelegt. Zur Eröffnung im „Blauen Pavillon" waren über 500 Gäste gekommen. Es war dies die erste große Präsentation zeitgenössischer Kunst aus Österreich in der damaligen ČSFR. Die „Grenzgänger" wanderten gleich anschließend nach Pilsen, wo die „Neue Galerie" der Stadt eingeweiht wurde, und die Kulturverantwortlichen von Pilsen traten auch ein Jahr später als Organisatoren des 1. Bildhauersymposions in Lenora (Eleonorenhain) auf. „Unter dem Vorhang" lautete damals das Motto, und von der ersten Stunde an waren oberösterreichische Künstler mit dabei. Lenora '91 war vor allem getragen von dem damals vorherrschenden Geist der Grenzöffnung und Euphorie nach der Befreiung. Es kam zur denkwürdigen Enthüllung des gemeinsam gestalteten Denkmals am Dreisesselberg.

Tief beeindruckt von dieser positiven Aufbruchsstimmung, machte der Leiter des Büros für kulturelle Auslandsbeziehungen des Landes Oberösterreich, Dr. Aldemar Schiffkorn, den Vorschlag, das Bildhauersymposion in Böhmen und Oberösterreich im Grenzraum künftig wechselseitig zu veranstalten und auf eine breitere Basis zu stellen.

Im Herbst 1992 wurde die verträumte Böhmerwaldgemeinde Schwarzenberg von über 60 Bildhauern aus 17 Ländern friedlich besetzt. Die anfänglich noch skeptischen Schwarzenberger beherbergten die Künstler in ihren Häusern, und bald wurden erste Freundschaften zwischen Einheimischen und „ihren" Künstlern geschlossen. Das Symposion Schwarzenberg gestaltete sich unter dem bewährten Motto „Grenzgänger" zu einem vielbeachteten Zeichen der Begegnung und des gegenseitigen Verstehens zwischen Menschen verschiedenster Herkunft und Nationalität. Am Kirchenberg ragen heute noch die zurückgelassenen Skulpturen als Zeugen dieser unvergleichlichen kulturellen und menschlichen Begegnung in den Himmel.

Im Vorjahr wurde die Region um den Bayerischen Wald in das Konzept der Symposien miteinbezogen. Mit oberösterreichischer Organisationshilfe wurde in Haidmühle das Projekt „Zusammen wachsen" verwirklicht, und Bayern ist seither ein fester Bestandteil im drei Länder umfassenden Symposionsreigen.

Erst kürzlich wurde das Symposion „Wie zu Hause" im südböhmischen Glashüttenort Lenora abgeschlossen. Es ging dabei um das Gefühl der Heimat und des Beheimatetseins, das nicht an Grenzen gebunden ist.

Christian Rösner (D) - Unsichtbare Einheit der Gegensätze.

Sarah Chilenski (USA, D) - Das geheimnisvolle Leben des Baumes.

Arvidas Pakalka (Litauen) am Rasen vor dem Schlößchen von Lenora.

ANHANG

Das Symposionsgelände auf der Manzenreiterwiese

DAS BÜRO FÜR KULTURELLE AUSLANDSBEZIEHUNGEN DES LANDES OBERÖSTERREICH

Der Name „Grenzgänger" ist wie der zweigesichtige Gott Janus Markenzeichen für die Aktivitäten des Büros. Janus blickt mit seinen beiden Gesichtern nach vorne und nach hinten, über die Grenzen, nach Gestern und nach Morgen.

Bei der Eröffnungsrede zur oberösterreichischen Ausstellung „Grenzgänger" 1990 in Pilsen sagte mein tschechischer Kollege Vladimir Libal: „Es ist noch nicht lange her, daß man in unserem Land auf Grenzgänger geschossen hat. Und wenn der Schuß sein Ziel gefunden hat, gab es eine Belohnung, Lob, die Möglichkeit nach Hause zu fahren, Beförderung, möglicherweise auch eine Armbanduhr und wer weiß was noch alles." Und mein Kollege setzte fort: „Der Oberbefehlshaber unserer Streitkräfte, unser Staatspräsident, ist nun ein Künstler; und die Grenzgänger? Die sind kein Raubwild mehr, auf das man schießen kann, ja sogar das ganze Jahr schießen muß. ‚Grenzgänger' sind heute vor allem Künstler, die wir aus dem Grunde lieben, weil sie uns Brücken bauen, weil sie uns näher zueinander bringen, weil sie uns befreien, von erniedrigenden Vorurteilen erlösen und aus uns würdige Bürger machen, die wir einst waren und die wir immer hätten bleiben sollen." Und später: „Wir sind sehr froh darüber, froh, daß wir in dieser Welt, in diesem sich vereinigenden und doch so unübersichtlichen, so verwirrenden Europa nicht alleine sind, daß wir in Österreich einen Bruder gefunden haben, mit dessen Hilfe es uns leichter sein wird, in die Gemeinschaft der Kulturvölker zurückzukehren, in der keine Medaillen für Schüsse auf ‚Grenzgänger' verliehen werden."

Die Schwerpunkte der Aktivitäten in der Reihe „Grenzgänger" liegen im Bereich der Bilden-

THE OFFICE FOR CULTURAL FOREIGN RELATIONS FOR THE PROVINCE OF UPPER AUSTRIA

Like the two-faced god Janus, the name „Border Crossings" is a kind of trademark for the activities of this office. With his two faces, Janus looks both forward and backward, across boundary lines, toward yesterday and toward tomorrow.

At the opening of the Upper Austrian exhibition „Border Crossings" in Pilsen in 1990, my Czech colleague, Vladimir Libal, said in his opening speech: „It has not been a long time since people trying to cross the borders were shot at in our country. And if the shot found its mark, then there was a reward, praise, the opportunity to go home, a promotion, perhaps even a watch and who knows what else." And my colleague then continued: „The commanding officer of our military force, our state president, is an artist now; and the people trying to cross the borders? They are no longer game that one can shoot at, that one is even supposed to shoot at all year long. ‚Border crossers' today are primarily artists that we love, because they build bridges for us, because they bring us closer together, because they liberate us, save us from humiliating prejudices, and they turn us into the citizens of dignity that we once were and should have remained." Later, he went on to say: „We are very happy about it, happy that we are not alone in this Europe of reunification, that is yet so complex and confusing; happy that we have found a brother in Austria, with whose help it will be easier for us to return to the community of peoples of culture, a culture in which there are no medals given for shooting at ‚border crossers'."

The focal points of the activities in the series „Border Crossings" are to be found in the area of fine arts (here there are no language problems), jazz, but also literature.

CENTRUM PRO KULTURNÍ VZTAHY SE ZAHRANIČÍM ZEMĚ HORNÍ RAKOUSKO

Název „Grenzgänger" je typický pro aktivity centra stejně jako dvě tváře boha Januse. Janus se svými dvěma obličeji dívá dopředu i dozadu, přes hranice, do minulosti i do budoucnosti.

Ve svém uvítacím projevu u příležitosti hornorakouské výstavy „Grenzgänger" roku 1990 v Plzni řekl můj český kolega Vladimir Líbal: „Není to tak dlouho, co se na ty, kdo překračovali hranice (Grenzgänger) střílelo. Když střela zasáhla cíl, byla za to odměna, chvála, možnost dostat opušťák, podpora, možná dokonce hodinky a kdoví co všechno ještě." A můj kolega pokračoval: „Vrchním velitelem našich ozbrojených sil, prezidentem našeho státu, je teď básník: a ti, kdo překračují hranice? To už není škodná, na kterou se může nebo dokonce musí celoročně střílet. ‚Grenzgänger' jsou dnes především umělci, které máme rádi proto, že stavějí mosty, že nás navzájem sbližují, že nás osvobozují, zbavují ponižujících předsudků a dělají z nás čestné občany, jakými jsme kdysi byli a jakými jsme měli zůstat."
A později: „Máme velkou radost z toho, že v tomto světě, v Evropě, která se sjednocuje, ale současně je tak nepřehledná a zmatená, jsme v Rakousku našli bratra, s jehož pomocí pro nás bude lehčí návrat do společenství kulturních národů, kde nejsou udělovány medaile za střílení na „narušitele hranic".

Těžiště aktivity v sérii „Grenzgänger" je v oblasti výtvarného umění (kde nejsou problémy s dorozuměním), v oblasti jazzu, ale i v oblasti literatury.
Jedná se přitom výlučně o vlastní akce nebo o spolupráci s jinými partnery. Finanční podpora cizích projektů není dána.
Vedle toho jsou realizovány

Dieser Bilderbogen zeigt Szenen vom Schwarzenberger Bildhauersymposion.

den Kunst (da gibt es kein Sprachproblem), des Jazz, aber auch der Literatur.

Dabei handelt es sich ausschließlich um Eigenveranstaltungen oder um Koproduktionen mit anderen Partnern. Finanzielle Förderungen von Fremdprojekten werden nicht vorgenommen.

Daneben werden Kunstprojekte in und aus vielen anderen Ländern realisiert. Das sind sowohl bilaterale Austauschprojekte als auch multilaterale Veranstaltungen, wie z.B. Symposien mit internationaler Beteiligung und Workshops.

„Seit der Eröffnung des Büros für kulturelle Auslandsbeziehungen im Frühling 1991 hat es sich zu einer gefragten Drehscheibe des internationalen Kulturaustausches entwickelt. Zwei Beziehungsachsen bildeten sich in letzter Zeit besonders heraus: zum einen zum oberitalienischen Raum und zum anderen zu den nördlichen Nachbarländern Tschechien und Slowakei. Eine ganze Reihe von bi- und multilateralen Projekten festigte diesen Kontakt, aus dem ein immer dichteres Verbindungsnetz entsteht", stellt Fritz Lichtenauer in seinem Aufsatz „Kontakt, Dialog, Vermittlung" in der Julinummer 1994 des OÖ. Kulturberichtes fest.

Die „Edition Grenzgänger" dient der Projektbegleitung und Dokumentation bedeutender Veranstaltungen, die von unserem Büro vorbereitet werden. Diese Edition ist die Fortführung der von mir als Begründer des Offenen Kulturhauses des Landes Oberösterreich 1990 ins Leben gerufenen OK-Katalog-Edition. Bis heute sind 16 Bände der meist zweisprachigen Kunstkataloge oder Textausgaben erschienen.

The activities are exclusively our own projects or co-productions with other partners. Financial subsidies for outside projects are not part of our program.

In addition, art projects in and from many different countries have been realized. These are not only bilateral exchange projects, but also multilateral events, such as symposien with international participation and workshops, for example.

„Since the Office for Cultural Foreign Relations was opened in the spring of 1991, it has become a sought after center for international cultural exchange. Two axes of relations, in particular, have cristalized recently: with regard to the area of northern Italy, on the one hand, and to our northern neighbors, the Czech Republic and Slovakia, on the other hand. A whole series of bilateral and multilateral projects has strengthened these contacts, and an increasingly dense network of cooperation is growing out of it." These remarks were made by Fritz Lichtenauer in his essay „Contact, Dialogue, Communication" in the July 1994 edition of the Upper Austrian Culture Report.

„Edition Grenzgänger" is intended as a project accompaniment and documentation of significant events that are sponsored by our office. This edition is a continuation of the OK Catalogue Edition, which I instituted in 1990 as the founder of Offenes Kulturhaus of the Province of Upper Austria. To date, 16 volumes of art catalogues or text editions, which are usually bilingual, have been published.

umělecké projekty z mnoha jiných zemí i přímo v cizině. Jsou to jak bilaterální výměnné projekty, tak i multilaterální akce, jako např. sympozia s mezinárodní účastí a workshopy.

„Od svého otevření na jaře 1991 se centrum pro kulturní vztahy se zahraničím stalo ohniskem mezinárodní kulturní výměny. Dvojí vztahy se v poslední době zvláště vykrystalizovaly: jednak k hornoitalské oblasti a jednak k severním sousedům – České republice a Slovensku. Celá řada bilaterálních a multilaterálních projektů tyto kontakty upevnila, a tak vznikala stále pevnější propojení", zjišťuje Fritz Lichtenauer ve své stati „Kontakty dialog, zprostředkování" v červencovém čísle kulturního přehledu Horního Rakouska (1994).

Edice „Grenzgänger" doprovází a dokumentuje významné akce, které připravilo naše centrum. Tato edice je pokračováním edice katalogu otevřené kultury, která navazovala na mnou založený „Otevřený dům kultury" země Horní Rakousko v roce 1990. Dodnes vyšlo 16 většinou dvojjazyčných uměleckých katalogů nebo textů.

TÉZE K SOUČASNÉ KULTURNÍ POLITICE

Cíle práce centra se řídí následujícími kritérii, které jsme si sami stanovili:

Kulturní vztahy se zahraničím – nebo přesněji zahraniční kulturní politika – započaly na sklonku minulého století především jako propagace kultury. Úkolem počátků nové zahraniční kulturní politiky bylo získání sympatií. Zásada rovnoprávnosti všech kultur vede samozřejmě k výměně a ke spolupráci.

THESEN ZUR AUSWÄRTIGEN KULTURPOLITIK

Die Zielsetzungen für die Arbeit des Büros orientieren sich an folgenden, selbstgesetzten Leitlinien:

Kulturelle Auslandsbeziehungen – um es direkter zu sagen: Auswärtige Kulturpolitik – begann(en) am Ausgang des vorigen Jahrhunderts vornehmlich als Kulturpropaganda. Schon die Anfänge einer neuen auswärtigen Kulturpolitik standen unter dem Gebot der Sympathiewerbung. Der Grundsatz der Gleichwertigkeit aller Kulturen führt, wie von selbst, zum Gebot von Austausch und Zusammenarbeit.

So verstanden, sind kulturelle Auslandsbeziehungen ein unentbehrlicher Teil der Außenpolitik unseres Landes. Sie bieten noch nicht auch nur annähernd ausgeschöpfte Möglichkeiten zum Dialog zwischen Nord und Süd, zwischen West und Ost.

Kulturelle Auslandsbeziehungen können nicht nur in einseitiger Selbstdarstellung bestehen, sondern brauchen den partnerschaftlichen Austausch und die Realisierung gemeinsamer, kooperativer Projekte: Neugierde, Sich-Öffnen, Aufeinander-Zugehen ... das Prinzip Hoffnung.

Es geht also um Selbstdarstellung und Dialog. Die Inhalte beziehen sich nicht mehr auf Kultur im engeren Sinne, sondern auch auf die Grenzbereiche zu Sozial- und Umweltpolitik, Städtebau, Urbanistik, Hochtechnologie oder Medienpolitik.

Kulturelle Auslandsbeziehungen prägen das Erscheinungsbild unseres Landes im Ausland nachhaltig. Sie erleichtern das gegenseitige Kennenlernen und das Verständnis füreinander und schaffen so eine

THESES ON CULTURAL POLICY ABROAD

The aims for the work of this office are orientated to the following, self-imposed guidelines:

Cultural foreign relations – to be more direct, cultural foreign policy – began at the end of the last century, primarily as cultural propaganda. The very beginnings of a new cultural foreign policy were determined by the rule of awakening mutual sympathy. The principle of the equality of all cultures leads of itself to a rule of exchange and cooperation.

Understood in this way, cultural international relations are an indispensible part of the foreign policy of our country. They offer opportunities for dialogue between North and South, between West and East that have not yet nearly been exhausted.

Cultural foreign relations can not consist of only one-sided self-representation, but rather require cooperative exchange and the realization of common projects in partnership: curiosity, openess, reaching out ... the principle of hope.

It is thus a question of self-representation and dialogue. The contents no longer refer to culture in a narrow sense, but also to the border areas of social and environmental policy, city planning, urbanology, high technology or media policy.

Cultural foreign relations place a lasting stamp on the impression of our country abroad. They make it easier to get to know one another and understand each other, thus creating a good basis for economic cooperation.

Cultural foreign policy seeks dialogue and cooperation. This requires respect for our part-

Takto chápány jsou kulturní vztahy se zahraničím neodělitelnou součástí politiky naší země. Skýtají dosud nevyčerpané možnosti dialogu mezi severem a jihem, západem a východem.

Kulturní vztahy se zahraničím nemohou existovat jednostranně, ale k jejich uskutečnění je třeba výměny partnerů a realizace společných kooperativních projektů: to vše zahrnuje zvědavost, otevřenosl, vzájemné sbližování: princip naděje.

Jedná se tedy o prezentaci a dialog. Obsah se už netýká jen kultury v úzkěm smyslu slova, ale i dalších s tím souvisejících oblastí, jako sociální politiky, politiky životního prostředí, výstavby měst, urbanistiky, špičkové techniky nebo oblasti sdělovacích prostředků. Kulturní vztahy se zahraničím prezentují obraz naší země v zahraničí. Usnadňují vzájemné poznání a pochopení a vytvářejí tak dobrý základ hospodářské spolupráce.

Zahraniční politika hledá dialog a spolupráci, vyžaduje respekt k partnerům a orientaci na jejich přáni a představy. Tady neexistuje žádný všeobecně platný patentní recept, žádná kulturně politická vzorkovnice, kterou by bylo možno kdykoliv a kdekoliv použít. Od dob diskuse o federalizaci je všeobecně a samozřejmě akceptováno, že rakouskě spolkové země pěstují a budují vlastní kulturni vztahy se zahraničím. To bylo celá desetiletí výlučně v kompetenci republiky.

Kulturní vztahy se zahraničím mohou a musí mnohostrannost, která je základem svobody, nejen respektovat, ale i zprostředkovat přes hranice.

gute Grundlage für wirtschaftliche Kooperationen.

Auswärtige Kulturpolitik sucht Dialog und Zusammenarbeit. Das fordert Respekt vor den Partnern und Orientierung an ihren Wünschen und Vorstellungen. Da gibt es kein weltweit gültiges Patentrezept, keinen kulturpolitischen Musterkoffer, der überall in gleicher Weise einsetzbar wäre. Seit der Föderalismus-Diskussion ist es allgemein akzeptiert und selbstverständlich geworden, daß die österreichischen Bundesländer auch eigene kulturelle Auslandsbeziehungen pflegen und ausbauen. Das galt jahrzehntelang ausschließlich als Kompetenz des Bundes.

Kulturelle Auslandsbeziehungen können und müssen die Vielfalt, die der Freiheit zugrunde liegt, nicht nur respektieren, sondern auch über die Grenzen vermitteln. Doch gibt es Grenzen der Freiheit, nach innen wie nach außen.

Gerade Österreich, das über vier Jahrzehnte von einer toten Grenze im Norden betroffen war, weiß von der Bedeutung neuer, guter, nachbarschaftlicher Kontakte.

EINE AUSWAHL DER WICHTIGSTEN VERANSTALTUNGEN

Das Büro für kulturelle Auslandsbeziehungen veranstaltete mit österreichischen Künstlern Ausstellungen und Literaturprojekte in folgenden Ländern: Italien, CSFR, Tschechien, Deutschland, Litauen, Rußland. Umgekehrt mit Künstlern aus Italien, Tschechien, Slowakei, Polen, Deutschland, Frankreich, Spanien, Litauen, Estland, Rußland, Ungarn, Kroatien, Slowenien, Rumänien, USA, Brasilien, Kolumbien, Argentinien, Ukraine in Österreich.

ners and an orientation to their wishes and ideas. There is no ready, universally valid recipe for this, no culture policy sample box that could be used anywhere in the world in the same way: in the wake of the federalism discussion, it has become generally acceptable and matter of fact that the Austrian provinces are concerned with developing their own cultural foreign relations, as well. For decades this was considered an exclusive competency of the federal government.

Cultural foreign relations can and must not only respect the diversity that is the foundation for freedom, they must also mediate across borders. There are limits to freedom, however, internal ones as well as external.

Austria, particularly, which faced a „dead" border in the north for four decades, well knows the importance of new, good, neighborly contacts.

A SELECTION OF THE MOST IMPORTANT EVENTS

The Office for Cultural Foreign Relations organized exhibitions and literature projects with Austrian artists in the following countries: Italy, CSSR, Czech Republic, Germany, Lithuania, Russia. Vice versa in Austria, with artists from Italy, Czech Republic, Slovakia, Poland, Germany, France, Spain, Lithuania, Estonia, Russia, Hungary, Croatia, Slovenia, Rumania, USA, Brazil, Columbia, Argentina, the Ukraine.

Over the course of the past four years, our office, the only one of its kind in the Austrian provinces, has successfully realized more than 70 art and culture projects at home and abroad. That is an average of about 17 projects per year.

Svoboda má však i své hranice, a to směrem dovnitř i směrem ven.

Právě Rakousko, jehož severní hranice byla po čtyřicet let mrtvá, může ocenit význam nových sousedských kontaktů.

PŘEHLED NEJDŮLEŽITĚJŠÍCH AKCÍ

Centrum zahraničních vztahů uspořádalo s rakouskými umělci výstavy a literární projekty v následujících zemích: Itálie, ČSFR, Česká republika, Německo, Litva, Rusko. Dále se uskutečnily výstavy s umělci z Itálie, České republiky, Slovenska, Polska, Německa, Francie, Španělska, Litvy, Estonska, Ruska, Maďarska, Chorvatska, Slovinska, Rumunska, USA, Brazilie, Kolumbie, Argentiny a Ukrajiny.

Za čtyři roky realizovalo centrum, které je jediným svého druhu v rakouských spolkových zemích, s úspěchem přes 70 uměleckých a kulturních projektů v tuzemsku i v zahraničí. V průměru je to asi 17 projektů ročně:

° Mezinárodní sochařská sympozia, konající se jako trienále střídavě v Čechách, Bavorsku a Horním Rakousku: 1991 v Lenoře, 1992 ve Schwarzenbergu, 1993 v Haidmühle, 1994 v Lenoře. V létě 1995 se sympozium bude konat opět ve Schwarzenbergu na úpatí Šumavy za účasti 50–60 umělců.

° C Výstava sedmi italských umělců v Linci 1991

° Slavnostní akademie „Německá kultura v Čechách" v Plzni u příležitosti 80. narozenin Gertrudy Fussenegger (1992)

Seit vier Jahren hat das Büro, das einzige dieser Art in den österreichischen Bundesländern, mit Erfolg über 70 Kunst- und Kulturprojekte im In- und Ausland realisiert. Das sind im Schnitt etwa 17 Projekte pro Jahr.

° die internationalen Bildhauersymposien, als Triennale abwechselnd in Böhmen, Bayern und Oberösterreich: 1991 in Lenora, 1992 in Schwarzenberg, 1993 in Haidmühle, 1994 in Leonora. Im Sommer 1995 wieder in Schwarzenberg am Böhmerwald mit 50 - 60 Teilnehmern.

° die Ausstellung 7 italienischer Künstler in Linz 1991

° die Festakademie „Deutsche Literatur in Böhmen" anläßlich der Vollendung des 80. Lebensjahres von Gertrud Fussenegger in deren Geburtsstadt Pilsen 1992

° die Ausstellung 22 österreichischer und 8 litauischer Künstler 1992 in Litauen (Kaunas und Vilnius)

° die Ausstellung 15 österreichischer und 4 russischer Künstler 1992 in Rußland (Moskau)

° die Ausstellungen 6 österreichischer Künstler in Znaim 1992

° die Ausstellung kroatischer Künstler zum Thema „Krieg in Kroatien" in Linz 1992

° die Ausstellung 10 italienischer und 5 österreichischer Künstler im Schloß Parz 1992

° die Ausstellung 4 tschechischer Konstruktivisten in Linz 1992

° die Präsentation eines italienischen Modells zum Thema „Kunst + Krankheit, Künstler arbeiten mit psychiatrischen Patienten", mit Round-Table-Gespräch, in Linz 1992

° the international sculptors' symposium as a triennal alternately in Bohemia, Bavaria and Upper Austria: 1991 in Lenora, 1992 in Schwarzenberg, 1993 in Haidmühle, 1994 in Lenora. In the summer of 1995 in Schwarzenberg by the Bohemian Woods again with 50 to 60 participants.

° the exhibition of 7 Italian artists in Linz 1991

° the festival academy „German Literature in Bohemia" in Pilsen in honor of Gertrud Fussenegger's eightieth birthday in 1992

° the exhibition of 22 Austrian and 8 Lithuanian artists in Lithuania (Kaunas and Vilnius) in 1992

° the exhibition of 15 Austrian and 4 Russian artists in Russia (Moscow)

° the exhibition of 6 Austrian artists in Znaim in 1992

° the exhibition of Croatian artists on the theme „War in Croatia" in Linz 1992

° the exhibition of 10 Italian and 5 Austrian artists in Parz Castle in 1992

° the exhibition of 4 Czech constructivists in Linz 1992

° the presentation of an Italian model on the theme „Art and Illness, Artists Working with Psychiatric Patients" with a round table discussion in Linz in 1992

° the exhibition of 7 Austrian artists in Genoa, San Martino di Lupari and Vicenza, 1992/93

° the southern Bohemian – Upper Austrian artists' encounter in Budweis in honor of the opening of the Austria Library in 1993

° Výstava 22 rakouských a 8 litevských umělčuů v roce 1992 v Litvě (Kaunas a Vilnius)

° Výstava 15 rakouských a 4 ruských umělců 1992 v Rusku (Moskva)

° Výstava 6 rakouských umělců ve Znojmě 1992

° Výstava chorvatských umělců na téma „Válka v Chorvatsku" v Linci 1992

° Prezentace italského modelu na téma: „Umění a nemoc, umělci pracují s pacienty psychiatrie" včetně panelové diskuse v Linci 1992

° Výstava 7 rakouských umělců (Janov, San Martino di Lupari a Vicenza 1992/93)

° Setkání umělců Jižních Čech a Horního Rakouska u příležitosti otevření Rakouské knihovny 1993

° Mezinárodní sympozium „Macht und Ohnmacht des Geistes" ve Schwarzenbergu na téma „Válka a budoucnost v nové Evropě" (na příkladu bývalé Jugoslávie). Uspořádáno u příležitosti 15 let trvání pracovního společenství Alpy-Adria 1993

° Přednáškové turné ředitele centra do Washingtonu a Virginie na pozvání rakouského vyslanectví ve Washingtonu a Washington Sculptors Group 1993

° Společně autorské čtení českých a rakouských autorů ze čtvrtletníku Mühlviertler Kulturzeitschrift v Linci 1993

° Výstava 10 českých umělců ve Welsu 1993

° Výstava 10 brazilských umělců ve Welsu 1993

° die Ausstellung 7 österreichischer Künstler in Genua, San Martino di Lupari und Vicenza 1992/93

° die südböhmisch-oberösterreichische Künstlerbegegnung in Budweis anläßlich der Eröffnung der Österreich-Bibliothek 1993

° das Internationale Symposion „Macht und Ohnmacht des Geistes" in Schwarzenberg über unsere gemeinsame Zukunft im neuen Europa (am Beispiel des ehemaligen Jugoslawien). Zum 15-jährigen Bestehen der Arbeitsgemeinschaft Alpen-Adria 1993

° die Vortragsreise des Leiters des Büros nach Washington und Virginia auf Einladung der Österreichischen Botschaft in Washington und der Washington Sculptors Group 1993

° die gemeinsame Lesung tschechischer und österreichischer Autoren aus der Mühlviertler Kulturzeitschrift in Linz 1993

° die Ausstellung 10 tschechischer Künstler in Wels 1993

° die Ausstellung 6 brasilianischer Künstler in Linz 1993

° die Gastspielreise einer oberösterreichischen Jazzgruppe nach Rußland 1994

° die Sanierung und feierliche Wiedereröffnung des St. Severin-Grabes in Frattamaggiore/Italien 1994

° die Ausstellung 8 ukrainischer Künstler in Gmunden 1994

° der Skulpturenpark in Schwarzenberg 1994

° die Ausstellungen von Pino Guzzonato in Linz, Steyr und Wien 1994/95

° the international symposium „Power and Powerlessness of the Spirit" in Schwarzenberg on our future in a new Europe (taking former Yugoslavia as an example). In honor of the fifteenth anniversary of the Alpen-Adria Group in 1993.

° the lecture tour of the head of the office to Washington and Virginia at the invitation of the Austrian Embassy in Washington and the Washington Sculptors' Group in 1993

° a joint reading by Czech and Austrian authors from the Mühlviertel Cultural Magazine in Linz in 1993

° the exhibition of 10 Czech artists in Wels 1993

° the exhibition of 6 Brazilian artists in Linz in 1993

° the guest performance tour of an Upper Austrian jazz group to Russia in 1994

° the rehabilitation and ceremonious reopening of the tomb of St. Severin in Frattamaggiore, Italy in 1994

° the exhibition of 8 Ukrainian artists in Gmunden in 1994

° the Sculpture Park in Schwarzenberg in 1994

° the exhibition of Pino Guzzonato in Linz, Steyr and Vienna in 1994/95

° the guest performance of a Hungarian and an American jazz group in Linz in 1994

° the exhibition from the Museo Casabianca in Steyr 1993 and 1994, Bassano 1994, in Vienna 1994, Malo 1993 and 1994

° Turné hornorakouské jazzové skupiny po Rusku 1994

° Oprava a slavnostní znovuotevření hrobu sv. Severina ve Frattamaggiore/Itálie 1994

° Výstava 8 ukrajinských umělců v Gmundenu 1994

° Park skulptur ve Schwarzenbergu 1994

° Výstavy Pina Guzzonata v Linci, Steyru a Vídni 1994/95

° Hostování jedné maďarské a jedné americké jazzové skupiny v Linci 1994

° Výstavy musea Casablanca: Steyr 1993 a 1994, Bassano 1994, Víden̆ 1994, Malo 1993 a 1994

V PŘÍPRAVĚ JSOU NÁSLEDUJÍCÍ PROJEKTY

° Sympozium Johannese Urzidila v Praze 1995

° Sympozium „Znovuobjevená Šumava" v Klatovech 1995

° Sympozium „Mládež a násilí" v Českých Budějovicích 1995

° Výstava 6 hornorakouských umělců v Laibachu 1995

° Výstava 6 slovinských umělců v Linci 1995

° Výstava 22 rakouských umělců v Perthu/Austrálie 1995, v Kanadě a v USA

° Dny ruské kultury a otevření Rakouské knihovny v Nižném Novgorodě, Rusko 1995

° Výstavy rakouských umělců v Itálii (Giavenale, Malo, Milano)

° das Gastspiel einer ungarischen und einer amerikanischen Jazzgruppe in Linz 1994

° die Ausstellungen aus dem Museo Casabianca in Steyr 1993 und 1994, Bassano 1994, in Wien 1994, Malo 1993 und 1994

IN VORBEREITUNG SIND FOLGENDE PROJEKTE

° das Johannes-Urzidil-Symposion in Prag 1995

° das Symposion „Der wiederentdeckte Böhmerwald" in Klattau 1995

° das Symposion „Jugend und Gewalt" in Budweis 1995

° die Ausstellung 6 oberösterreichischer Künstler in Laibach 1995

° die Ausstellung 6 slowenischer Künstler in Linz 1995

° die Ausstellung 22 österreichischer Künstler in Perth/Australien 1995, Kanada und USA

° die Tage Österreichischer Kultur und die Eröffnung der Österreich-Bibliothek in Nishnij Nowgorod, Rußland 1995

° die Ausstellungen österreichischer Künstler in Italien (Giavenale, Malo, Milano)

ANERKENNUNG DURCH DEN AUSSENMINISTER DER REPUBLIK ÖSTERREICH

„Die Ausstellungsinitiative des Büros für kulturelle Auslandsbeziehungen wird nun schon seit mehreren Jahren sehr erfolgreich durchgeführt. Sie ist ein wertvoller Beitrag zum Aufbau und zur Intensivierung des kulturellen Austausches" schreibt Außenminister Dr. Alois Mock im Katalog „Grenz-

THE FOLLOWING PROJECTS ARE IN PREPARATION

° the Johannes Urzidil Symposium in Prague, 1995

° the symposium „The Rediscovered Bohemian Woods" in Klattau, 1995

° the symposium „Youth and Violence" in Budweis, 1995

° the exhibition of 6 Upper Austrian artists in Ljubljana, 1995

° the exhibition of 22 Austrian artists in Perth, Australia 1995, Canada and USA

° the Austrian Culture Days and the opening of the Austria Library in Nishnij Novgorod, Russia 1995

° the exhibition of Austrian artists in Italy (Giavenale, Malo, Milan)

RECOGNITION FROM THE MINISTER FOR FOREIGN AFFAIRS OF THE REPUBLIC OF AUSTRIA

„The exhibition initiative of the Office for Cultural Foreign Relations has been implemented very successfully for several years already. It is a valuable contribution to the development and strengthening of cultural exchange activities," wrote Dr. Alois Mock in the catalogue „Grenzgänger", Volume 15, which was published for the exhibition of Ukrainian artists in Gmunden in the Fall of 1994. And he adds: „This artistic exchange is an important step on the way to a better knowledge of reciprocal cultural tradition and creativity, and to a reduction of narrow minded nationalisms, as well as to a form of self-definition in times of disorientation and insecurity."

UZNÁNÍ MINISTRA ZAHRANIČÍ RAKOUSKÉ REPUBLIKY

„Centrum pro kulturní vztahy se zahraničím již po několik let úspěšně rozvíjí svou iniciativu. Je to cenný přínos k vybudování a zintenzivnění kulturní výměny", napsal ministr zahraničí dr. Alois Mock v katalogu „Grenzgänger", sv. 15, který vyšel u příležitosti výstavy ukrajinských umělců na podzim 1994 v Gmundenu. Dále připojuje: „Tato kulturni výměna je důležitým krokem k lepšímu poznání vzájemných kulturních tradic a tvořivosti, k odbourání úzkoprsého nacionalismu a k nalezení sebe same v době dezorientace a nejistoty."

Je to chvála za vykonanou práci a povzbuzení do budoucnosti. Centrum pro kulturní vztahy se zahraničím má jen tři pracovníky, reaguje však velmi pružně a to, do čeho se pouští, je skoro vždy něco nového.

Ředitel centra je stálým zástupcem země Horní Rakousko v kulturních komisích pracovních společenstvi Alpy-Adria, pracovního společenství zemí Dunaje a centrálně evropské iniciativy a kontaktního výboru spolkových zemí v ministerstvu zahraničních věcí. Z toho také vyplývají mnohé pozitivní podněty pro kulturní spolupráci se zahraničím.

Dr. ALDEMAR SCHIFFKORN

ßen sein. Stets aber wurden die Werke respektiert und geachtet. Gerne erinnere ich mich an jenen „Rehbock", den ein anonymer Schwarzenberger aus Holzstücken montiert und als seinen ureigenen Kommentar zu den Lenora-Skulpturen dazugestellt hatte. Leider ist das Stück im Trubel der Ereignisse wohl beiseite geschoben worden und mittlerweile verschwunden. Es wäre als Dokument nicht uninteressant. Und als das Symposion begann, waren sie alle da, ungezählte Helfer – von Geburt an Spezialisten im Umgang mit Motorsägen, Kritiker und Kommentatoren, begeisterte Zuschauer und neugierige Frager.

Ein Dorf war im Aufbruch, und vielleicht im Aufbruch auf einen neuen Weg in die Zukunft. Kein Zweifel, das Internationale Bildhauersymposion 1992 hat das Bewußtsein des Ortes verändert. Die Skulpturen haben ihren endgültigen Platz gefunden im Ort und an markanten Plätzen auf den Wanderwegen der Umgebung.

Als in Budweis die Österreich-Bibliothek eröffnet und zu diesem Anlaß die Fotoausstellung der Schwarzenberger Skulpturen gezeigt wurde , war sie spontan wieder dabei, die stolze Schar von Schwarzenbergern. Sie kamen auch als kritische und wohlwollende Zaungäste zu den Internationalen Bildhauersymposien 1993 nach Haidmühle und 1994 nach Lenora. 1995 werden sie wieder dabei sein, wenn die Reihe an Schwarzenberg ist, im Dreier-Reigen der Bildhauersymposien.

Menschen aus Bayern, Böhmen und Österreich werden näher zusammenwachsen, aber auch die Kontakte mit vielen Künstlern werden bleiben. Es war schön, Künstler aus Österreich, Tschechien, Polen,

homes – were secured the very next day. There was much that was discussed, understanding and incomprehension vied with one another. Through all this, however, there was always an attitude of respect and regard for the works themselves. I like to remember a certain „Buck Deer" that an anonymous person from Schwarzenberg made out of pieces of wood and mounted alongside the Lenora sculptures as his own original commentary. Unfortunately, the piece must have been cleared aside in the bustle of events and has since disappeared. As a documentation, it would not have been uninteresting. And when the symposium began, they were all there, the innumerable assistants – born specialists in the use of power saws, critics and commentators, enthusiastic observers and curious questioners.

A village was on the move, and perhaps on the move along new roads to the future. There is no doubt that the International Sculptors' Symposium 1992 changed the awareness of the town. The sculptures have found their permanent place in the town and in prominent positions along the walking paths of the surrounding areas.

When the Austria Library was opened in Budweis and a photo exhibition of the Schwarzenberg sculptures was shown in conjunction, they were there again, the whole flock of proud Schwarzenbergers. They came again to Haidmühle as critical and benevolent unofficial observers to the International Sculptors' Symposium in 1993 and to Lenora in 1994. In 1995 they will be there again, when it is Schwarzenberg's turn once more to host the triennial Sculptors' Symposium.

People from Bavaria, Bohemia and Austria will come closer

Bohužel byl tento kus ve zmatku dění někam založen a asi se ztratil. Jako dokument by nebyl nezajímavý. A když sympozium začalo, byli tady všichni, nespočetní pomocníci – odjakživa specialisti v zacházení s motorovou pilou, kritici a komentátoři, nadšení diváci a zvědavé ženy.

Vesnice byla vzhůru nohama, a snad to znamenalo převrat na nové cestě do budoucna. Není pochyb, že mezinárodní sochařské sympozium 1992 změnilo vědomí obyvatel obce. Skulptury našly své stálé místo v obci a na markantních místech u cest v okolí.

Když se v Budějovicích otevírala rakouská knihovna a při této příležitosti se konala výstava fotografií skulptur, byla celá skupina pyšných obyvatel Schwarzenbergu opět u toho. Přijeli také jako kritičtí diváci i příznivci na mezinárodní sochařská sympozia 1993 do Haidmühle a 1994 do Lenory. V roce 1995 budou zase tady, až při pravidelném střídání přijde řada na Schwarzenberg.

Lidé z Bavorska, Čech a Rakouska se sbližují a přetrvávají i kontakty mnohých umělců. Bylo krásné vidět o půl roku později výtvarníky z Rakouska, Čech, Polska, Francie nebo Argentiny zase na návštěvě ve Schwarzenbergu.

Dr. Aldemar Schiffkorn hovořil ve svém pozdravném projevu o „duchu Schwarzenbergu" jako o přání spojovat národy, profesor Erwin Reiter z mistrovské třídy sochařství na vysoké škole umělecké v Linci mluvil dokonce o „zázraku ze Schwarzenbergu". Je možné, že obojí bylo vyřčeno pod dojmem euforie okamžiku.

Frankreich oder aus Argentinien ein halbes Jahr später wieder als Besucher in Schwarzenberg zu sehen.

Dr. Aldemar Schiffkorn hatte in seiner Begrüßungsrede vom „Geist von Schwarzenberg" als einem Willen zur Verbindung von Völkern gesprochen, Professor Erwin Reiter, Leiter der Meisterklasse für Bildhauerei an der Linzer Kunsthochschule, gar vom „Wunder von Schwarzenberg". Beides mag aus der Euphorie des Augenblicks verständlich gewesen sein. Zweifellos aber wird ein Funken davon bleiben und in die Zukunft weiter wirken. Und mehr konnte man in den kühnsten Träumen nicht erwarten.

Dr. HORST BERNHARD

together, but the contacts with many artists will also remain. It was delightful to have artists from Austria, the Czech Republic, Poland, France or even Argentina return to Schwarzenberg half a year later as guests.

In his opening remarks, Dr. Aldemar Schiffkorn spoke of the „Spirit of Schwarzenberg" as the will of peoples to unite; Professor Erwin Reiter, head of the Master Class for Sculpture at the Art College of Linz, even spoke of the „Miracle of Schwarzenberg". Both may be understandable in light of the euphoria of the moment. A spark of this, however, will certainly remain and continue to have its effect in the future. And in our wildest dreams, we could not have expected more.

Dr. HORST BERNHARD

Určitě však zůstane alespoň jiskérka, která bude působit i v budoucnosti. Vic se nedalo očekávat ani v nejodvážnějším snu.

Dr. HORST BERNHARD

Information an die Bevölkerung von Schwarzenberg und an die Gäste

Der Skulpturenweg in Schwarzenberg am Böhmerwald

Sehr geehrte Schwarzenbergerinnen und Schwarzenberger, geschätzte Gäste, liebe Kunstfreunde!

Vom 23.8. bis 6.9.1992 findet in Schwarzenberg das 2. Internationale Bildhauersymposion statt, das vom Land Oberösterreich, vertreten durch sein Büro für kulturelle Auslandsbeziehungen, der Gemeinde Schwarzenberg und dem Kulturring Schwarzenberg veranstaltet wird. Über 67 Künstler aus 17 Ländern der Erde haben ihr Kommen angekündigt.

Deshalb zeigen wir nun die 33 Holzskulpturen erstmals in Österreich, die letztes Jahr während des 1. Internationalen Bildhauersymposions in Lenora/Südböhmen entstanden sind. Acht Oberösterreicher hatten daran teilgenommen.

Zur Ausstellung ist ein eigener Kunstkatalog erschienen, der im Gemeindeamt und in der Raiffeisenkasse ab 24.8. erhältlich sein wird.

Mit dem 1. Preis war die Arbeit von Werner Kramer aus Wels, der Schüler von Professor Erwin Reiter aus Julbach an der Linzer Kunsthochschule ist, ausgezeichnet worden. Sie wird als Nummer 25 auf dem Schwarzenberger Skulpturenweg gezeigt.

Warum führt der Skulpturenweg vom Ortszentrum den Kirchenberg hinauf zur Pfarrkirche? Weil diese Anhöhe unter körperlicher Kraftanstrengung erstiegen werden muß. Auch die Skulpturen fordern dem Betrachter vielfach geistige Anstrengung ab, sie offenbaren sich dem Betrachter nicht so ihne weiteres; einige wenige etwas leichter - vielleicht ist dies aber nur ein Trugschluß?

Das Ersteigen einer Anhöhe kann auch als kultisch-rituelle Handlung verstanden werden. Bei fast allen uns bekannten Religionen sind Hügel und Anhöhen bevorzugte Standorte von Kultstätten.

In Schwarzenberg führt der "Weg nach oben" zur Pfarrkirche, die auf dem Kirchenberg stehend, den ganzen Ort weit überragt. Wir haben uns bemüht, die Ausstellung der Holzbildwerke zu vorzunehmen, daß sie sowohl beim Bergauf- als auch beim Bergabgehenden einen möglichst großen Eindruck hinterlassen. Sie werden bemerken, daß die meisten Plastiken direkt gegen den Horizont oder vor einer einfärbigen Fläche (z.B. einer Wiese) aufgestellt sind, was die Kargheit der Objekte betont und ihren Eindruck beim Betrachter sicher noch steigert.

Es geht nicht um die Frage, was soll das sein, was stellt diese Skulptur erkennbar dar? Künstler machen auch Gedanken, Gefühle und Stimmungen sichtbar, indem sie diese "darstellen"

Lassen Sie die Plastiken einfach auf sich einwirken und versuchen Sie, die Gespräche zu belauschen, die die Holzobjekte mit der Landschaft begonnen haben!

* Zum Beispiel den scheinbar biederen älteren Herren (Nr. 3), der Sie vor dem Gemeindeamt mit einem Stöckchen Zwergrosen in den Händen (oder hätte er statt dessen lieber ein Glas Bier?) sitzend erwartet. Schauen Sie seine Augen an und wie er die linke Augenbraue hochzieht!

* Oder die mit Stacheldraht umwundenen Hände, die sich hoch strecken (Nr. 26): dazu wurde der Künstler vielleicht durch die Demontage des Eisernen Vorhanges angeregt.

* Oder das große rote Pendel, das unser aller Zeit mißt (Nr. 14).

* Oder den großen schwarzen Engel oder schwarzen Vogel, der zugleich erhaben wie auch beängstigend auf uns wirken kann (Nr. 16).

* Oder das Holzei mit Sockel, größer als ein Straußenei (Nr. 17), hergestellt vom 10jährigen Sohn eines tschechischen Bildhauers.

* Oder gar die massive 2 m hohe Holzpfostenwand (Nr. 9), die von beiden Seiten begehbar ist. Zu unserer Überraschung entdecken wir auf der Vorderseite Dellen, Vertiefungen z.B. von Händen und auf der Rückseite Beulen, Auswölbungen! Was kann das wohl nur bedeuten?

  Einen Versuch, aus hartem festgefügtem Ausgangsmaterial weiches, formbares Material zu gestalten. Unter den Händen eines begabten Bildhauers kann eine feste Holzpfostenwand weich und anschmiegsam wie ein dünner Vorhangstoff werden. Oder war es nur ein Gedankenexperiment des Künstlers über die Veränderung eines Werkstoffes?

  Die Holzplastik könnte vielleicht heißen: "Eindruck - Ausdruck" oder "Mit dem Kopf durch die Wand", "Der Start des Läufers".

Am besten, Sie erfinden für jede Skulptur den Namen, der Ihnen am geeignetsten erscheint.

Betrachten Sie bitte in diesem Sinne die Skulpturen in Schwarzenberg und machen Sie sich selbst Ihre Gedanken dazu.

Herzlich danken will ich Brigitte Bernhard, die in tagelanger Arbeit selbst alle Skulpturen imprägniert hat, dem Pfarrer Pater Othmar für die Zwischenlagerung der Ausstellung in seinem Stadel, sowie Dr. Horst Bernhard, den Brüdern Heinrich und Johann Neumüller, Walter Lang und Thomas Resch, die mit mir die Objekte aufgestellt haben und dem Bürgermeister von Schwarzenberg Ernst Greiner, für sein Interesse am Vorhaben und für die Unterstützung des Projektes.

Dr. Aldemar Schiffkorn

Planskizze vom Skulpturenweg in Schwarzenberg, 1992

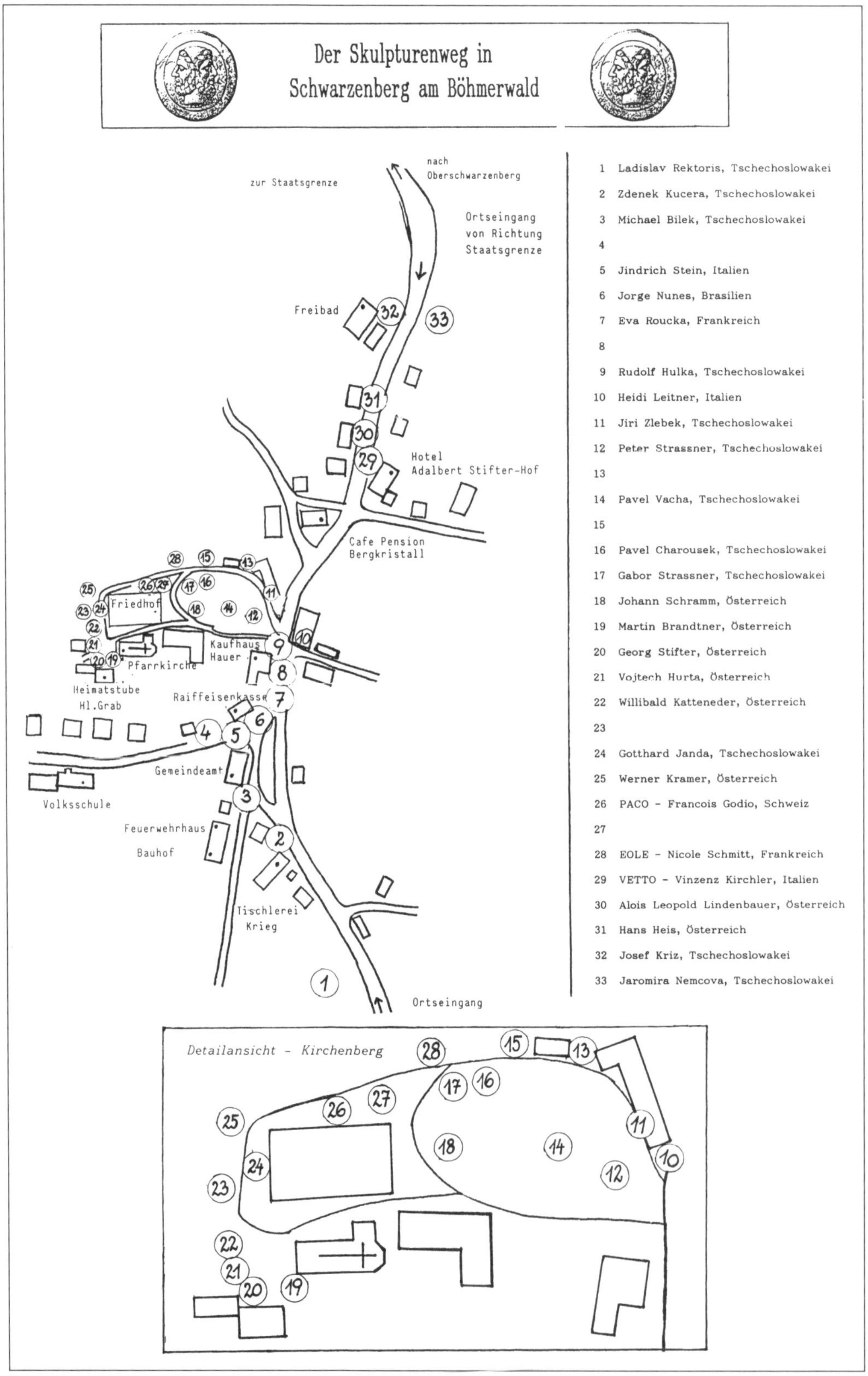

Aussendung an die Bevölkerung von Schwarzenberg, 5.08.1992

An einen Haushalt! *Postgebühr bar bezahlt!*

Schwarzenberger *05. August 1992*

Kulturring - AKTUELL

INTERNATIONALES

BILDHAUERSYMPOSION SCHWARZENBERG

<GRENZGÄNGER> 23.8.-6.9.1992

Liebe Schwarzenbergerinnen, liebe Schwarzenberger!

Unsere Gemeinde wird zwei Wochen lang, vom 23. August bis 6.September 1992, Schauplatz des 2. Internationalen Holzbildhauertreffens im Dreiländereck sein.
Letztes Jahr hatte das Kulturzentrum der Stadt Pilsen das 1. Internationale Bildhauersymposion in Lenora/Südböhmen veranstaltet. In Fortführung dieser Initiative hat heuer das Land Oberösterreich Bildhauer aus vielen Ländern nach Schwarzenberg eingeladen.

Das Bildhauersymposion könnte jährlich abwechselnd in Lenora und in Schwarzenberg veranstaltet werden, vielleicht auch in einer Gemeinde im bayerischen Grenzraum. Wir suchen noch einen Veranstaltungsort in Bayern.

Dieses wichtige grenzüberschreitende internationale Künstlertreffen in Grenznähe trägt den Namen "Grenzgänger" und verwendet als Symbol den zweigesichtigen Gott Janus. Er ist der Gott des Heute und Morgen, der nach beiden Seiten blickt, nach vorne und nach hinten - so auch über die Grenzen.

Neben seiner künstlerischen Bedeutung verfolgt das Symposion folgende Ziele: Brücken zu unseren Nachbarn zu bauen und Grenzen - auch in unseren Herzen und Köpfen - abzubauen. Es geht um gute Nachbarschaft im alten, neuen Europa. Es geht um Achtung vor dem Nachbarn, aber auch um Achtung vor unserer gemeinsamen Umwelt.

Fürst Karl zu Schwarzenberg hat persönlich den Ehrenschutz über das Schwarzenberger Bildhauersymposion übernommen.

Veranstalter sind das Land Oberösterreich, vertreten durch sein Büro für kulturelle Auslandsbeziehungen, die Gemeinde Schwarzenberg und der Kulturring Schwarzenberg gemeinsam mit dem Kulturzentrum der Stadt Pilsen und der Gesellschaft IF, in Zusammenarbeit mit dem Stift Schlägl, der Raiffeisen-Organisation Oberösterreich und der Oberösterreichischen Versicherungsanstalt.

Die Arbeitsgemeinschaft der Donauländer und die Arbeitsgemeinschaft Alpen-Adria haben die Patronanz über die Veranstaltung übernommen.

55 Künstler aus folgenden 15 Ländern werden nach Schwarzenberg kommen und hier zwei Wochen gemeinsam arbeiten:
Österreich, Deutschland, Tschechoslowakei, Ungarn, Italien, Slowenien, Kroatien, Rumänien, Rußland, Litauen, Estland, England, Frankreich, Spanien, Argentinien

Es ist nicht unsere Absicht, eine Kunstveranstaltung unter Ausschluß der Öffentlichkeit durchzuführen, sondern vielmehr alle Schwarzenberger einzubeziehen und einen freundschaftlichen Kontakt zwischen Ihnen und den Gästen herzustellen. Deswegen wird dieses Kunstprojekt auf dem Freigelände im Ortszentrum abgehalten.

Wir informieren Sie gerne über das genaue Programm, fassen Sie dies bitte als erste Einladung auf.

Programmablauf

Samstag, 22.8.1992:	Eintreffen der Künstler in Schwarzenberg
20.00 Uhr	Begrüßungsabend in der Volksschule
Sonntag, 23.8.1992:	
10.00 Uhr	Festgottesdienst mit Festzug
11.00 Uhr	Eröffnung des Bildhauersymposions auf dem Gemeindehausvorplatz "Internationaler Eintopf" und Bieranstich für Alle
20.00 Uhr	Dia-Abend in der Volksschule
Mittwoch, 26.8.1992:	
19.00 Uhr	Eröffnung der Fotoausstellung von Anna Kocourkova aus Pilsen im Kultursaal Ulrichsberg
20.00 Uhr	Eröffnung der Kunstausstellung von Dr. Tomas Kus/Pilsen im Jazzatelier Ulrichsberg
Freitag, 28.8.1992 und Samstag 29.8.1992:	
	Symposion für Eltern mit Kindern "Gute Nachbarn" unter Leitung von Dr. Tomas Kus. Nähere Informationen folgen. An allen anderen Wochentagen findet auf dem Freigelände von 10 bis 12 Uhr und von 14 bis 17 Uhr ein Kindersymposion statt, zu dem alle Kinder aus Schwarzenberg und Umgebung herzlich eingeladen sind. Die Kinder werden beaufsichtigt. Sie können ihre Fähigkeiten im Gestalten und Bemalen von selbst hergestellten Figuren erproben.
Samstag, 29.8.1992:	
20.00 Uhr	Tanzabend im Zelt mit der Musikkapelle aus Pilsen
Sonntag, 30.8.1992:	
9.30 Uhr	Festgottesdienst in der Pfarrkirche
10.30 Uhr	Parade der Musikkapellen auf der Ortsstraße Frühschoppen im Zelt
nachm.	gemeinsame Wanderung
Samstag, 5.9.1992:	Gemeinsame Dreiländer-Wanderung Abschlußabend

Ihnen, liebe Schwarzenberger und Schwarzenbergerinnen, sei bereits jetzt für Ihre Gastfreundschaft gedankt.
Die Künstler werden nach der Rückkehr in ihre Heimatländer sicher davon erzählen.

Für den Kulturring:	Für das Büro kultureller Auslandsbeziehungen des Landes Oberösterreich:	Für die Gemeinde:
Dr. Horst Bernhard	Dr. Aldemar Schiffkorn	Bgm. Ernst Greiner

Aussendung (Programm und Ausstellungshinweise)

I N T E R N A T I O N A L E S

BILDHAUERSYMPOSION SCHWARZENBERG

< GRENZGÄNGER > 23. 8.–6. 9. 1992

Schwarzenberg wird zwei Wochen lang, vom 23. August bis 6. September 1992, Schauplatz des 2. Internationalen Holzbildhauertreffens im Dreiländereck sein.
Letztes Jahr hatte das Kulturzentrum der Stadt Pilsen das 1. Internationale Bildhauersymposion in Lenora/Südböhmen veranstaltet. In Fortführung dieser Initiative hat heuer das Land Oberösterreich Bildhauer aus vielen Ländern nach Schwarzenberg eingeladen.
Das Bildhauersymposion könnte jährlich abwechselnd in Lenora und in Schwarzenberg veranstaltet werden, vielleicht auch in einer Gemeinde im bayerischen Grenzraum. Wir suchen noch einen Veranstaltungsort in Bayern.

Zur Zeit sind in Schwarzenberg jene Skulpturen ausgestellt, die beim 1. Bildhauersymposion in Lenora hergestellt worden sind. Dieser Skulpturenweg im Ort und auf dem Kirchenberg wird bis zum Wintereinbruch zu sehen sein.

Das wichtige grenzüberschreitende internationale Künstlertreffen in Grenznähe trägt den Namen "Grenzgänger" und verwendet als Symbol den zweigesichtigen Gott Janus. Er ist der Gott des Heute und Morgen, der nach beiden Seiten blickt, nach vorne und nach hinten – so auch über die Grenzen.
Neben seiner künstlerischen Bedeutung verfolgt das Symposion folgende Ziele: Brücken zu unseren Nachbarn zu bauen und Grenzen – auch in unseren Herzen und Köpfen – abzubauen. Es geht um gute Nachbarschaft im alten, neuen Europa. Es geht um Achtung vor dem Nachbarn, aber auch um Achtung vor unserer gemeinsamen Umwelt.
Fürst Karl zu Schwarzenberg hat persönlich den Ehrenschutz über das Schwarzenberger Bildhauersymposion übernommen.
Veranstalter sind das Land Oberösterreich, vertreten durch sein Büro für kulturelle Auslandsbeziehungen, die Gemeinde Schwarzenberg und der Kulturring Schwarzenberg gemeinsam mit dem Kulturzentrum der Stadt Pilsen und der Gesellschaft IF, in Zusammenarbeit mit dem Stift Schlägl, der Raiffeisen-Organisation Oberösterreich und der Oberösterreichischen Versicherungsanstalt.
Die Arbeitsgemeinschaft der Donauländer und die Arbeitsgemeinschaft Alpen-Adria haben die Patronanz über die Veranstaltung übernommen, gleichfalls die Deutsche Botschaft und die Botschaft der CSFR in Wien.
66 Künstler aus folgenden 17 Ländern werden nach Schwarzenberg kommen und hier zwei Wochen gemeinsam arbeiten:
Österreich, Deutschland, Tschechoslowakei, Ungarn, Italien, Slowenien, Kroatien, Rumänien, Rußland, Polen, Litauen, Estland, England, Frankreich, Spanien, Argentinien, USA.

Es ist nicht unsere Absicht, eine Kunstveranstaltung unter Ausschluß der Öffentlichkeit durchzuführen, sondern vielmehr alle Schwarzenberger einzubeziehen und einen freundschaftlichen Kontakt zwischen Einheimischen, Gästen und Künstlern herzustellen. Deswegen wird dieses Kunstprojekt auf dem Freigelände im Ortszentrum abgehalten.

Wir informieren Sie gerne über das genaue Programm. Fassen Sie dies bitte als erste Einladung auf.

PROGRAMMABLAUF:

Samstag, 22. 8. 1992:	Eintreffen der Künstler in Schwarzenberg
20.00 Uhr:	Begrüßungsabend in der Volksschule
Sonntag, 23. 8. 1992:	
10.00 Uhr:	Festgottesdienst mit Festzug
11.00 Uhr:	Eröffnung des Bildhauersymposions auf dem Gemeindehausvorplatz "Internationaler Eintopf" und Bieranstich für alle
20.00 Uhr:	Dia-Abend in der Volksschule
Mittwoch, 26. 8. 1992:	
19.00 Uhr:	Eröffnung der Fotoausstellung von Anna Kocourkova aus Pilsen im Kultursaal Ulrichsberg
20.00 Uhr:	Eröffnung der Kunstausstellung von Dr. Thomas Kus aus Pilsen im Jazz-Atelier Ulrichsberg
Freitag, 28. 8. 1992, Samstag, 29. 8. 1992:	Symposion "Gute Nachbarn" für Eltern mit Kindern unter Leitung von Dr. Thomas Kus. Nähere Informationen folgen. An allen anderen Wochentagen findet auf dem Freigelände von 10 bis 12 Uhr und von 14 bis 17 Uhr ein Kindersymposion statt, zu dem alle Kinder aus Schwarzenberg und Umgebung herzlich eingeladen sind. Die Kinder werden beaufsichtigt. Sie können ihre Fähigkeiten im Gestalten und Bemalen von selbst hergestellten Figuren erproben.
Samstag, 29. 8. 1992:	
20.00 Uhr:	Tanzabend im Zelt mit der Musikkapelle aus Pilsen
Sonntag, 30. 8. 1992:	
9.30 Uhr:	Festgottesdienst in der Pfarrkirche
10.30 Uhr:	Parade der Musikkapellen auf der Ortsstraße Frühschoppen
nachmittags:	gemeinsame Wanderung
Samstag, 5. 9. 1992:	Gemeinsame Dreiländer-Wanderung Abschlußabend

Wir laden Sie zu allen Veranstaltungen herzlich ein!

Für den Kulturring:
Dr. Horst Bernhard
4164 Schwarzenberg 52, Tel. 0 72 80 / 205

Für das Büro kultureller Auslandsbeziehungen des Landes Oberösterreich:
Dr. Aldemar Schiffkorn
Symposionsbüro Schwarzenberg, Tel. 0 72 80 / 595

Für die Gemeinde:
Bgm. Ernst Greiner
4164 Schwarzenberg, Tel. 0 72 80 / 255

I N T E R N A T I O N A L E S

BILDHAUERSYMPOSION SCHWARZENBERG

< GRENZGÄNGER > 23. 8. – 6. 9. 1992

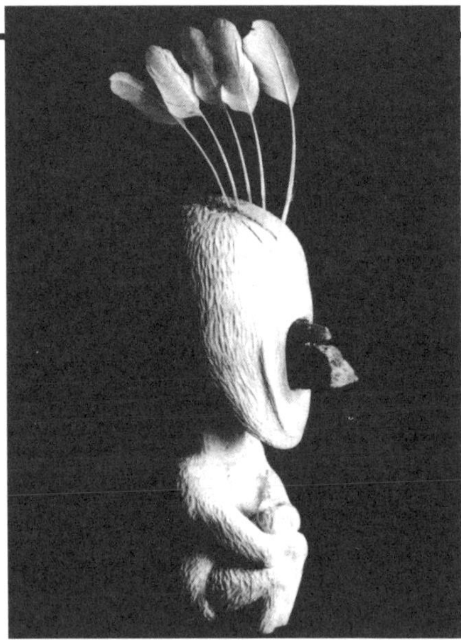

EINLADUNG
ZU DEN
AUSSTELLUNGSERÖFFNUNGEN
AM
MITTWOCH, 26. 8. 1992,
IN ULRICHSBERG

IM KULTURSAAL DES HEIMATHAUSES	IM JAZZ-ATELIER
ANNA KOCOURKOVA	THOMAS KŮS
FOTOS	"OSTPAKA usw."
	OBJEKTE + GRAFIKEN
Eröffnung um 19.00 Uhr	Eröffnung um 20.00 Uhr
Öffnungszeiten: Mo–Fr: 8.30 – 12.00 Uhr 13.00 – 18.00 Uhr Sa: 9.00 – 12.00 Uhr	Öffnungszeiten: Fr–So: 14.00 – 17.00 Uhr

INVITATION

WE WILL OPEN TWO EXPOSITIONS
ON WEDNESDAY, AUGUST 26th 1992,
IN ULRICHSBERG

KULTURSAAL OF THE "HEIMATHAUS"	JAZZ-ATELIER
ANNA KOCOURKOVA	THOMAS KŮS
FOTOS	"OSTPAKA etc"
	OBJECTS + GRAFICS
VERNISSAGE: 19.00	VERNISSAGE: 20.00
open: Mo–Fr.: 8.30 – 12.00 13.00 – 18.00 Sa: 9.00 – 12.00	open: Fr.–Su.: 14.00 – 17.00

POZVÁNÍ
NA OTEVŘENÍ VÝSTAVY
VE STŘEDU 26. 8. 1992
V ULRICHSBERGU

Kulturní sál "HEIMATHAUS" (dům vlasti)	JAZZ-ATELIER
ANNA KOCOURKOVÁ	THOMAS KŮS
FOTOGRAFIE	"OSTPAKA atd"
	OBJEKTY+ GRAFIKY
zahájení v 19.00 hod.	zahájení v 20.00 hod.
otevřeno: Po–pá: 8.30 – 12.00 hod. 13.00 – 18.00 hod. So: 9.00 – 12.00 hod.	otevřeno: Pá–ned.: 14.00 – 17.00 hod.

Brief von Leonas Pivoriunas
aus Vilnius / Litauen
20.12.1992

Sehr geehrter
Herr Dr. Aldemar Schiffkorn

mit dem Gefüll der Dankbarkeit schreibe ich diese Zeile. Die Teilnahme an Schwarzenberger Symposion, die dank Ihrer Bemühungen stattfand, war das bedeutsamste Ereignis des Jahres 1992

Die wunderbaren Schaffens, Arbeits und Lebensbedingungen haben die Mäglichkeit gegeben, in zwei Wochen eine Skulptur zu schaffen. Bei unseren Bedingungen dauert es zwei Monate.

Ich bin herzlich dankbar für die Möglichkeit Wien und seine Museen zu besichtigen: Kunsthistorisches Museum Oberes und Unteres Belvedere, Museum der moderner Kunst, die Ausstelungen im Sezesionsgebäude, das Schaffen von Hundertwasser, Akademie der Bildenden Künste machte auf mich einen großen Eindruk und bereicherte meine Facherfahrung

Alle diese Eindrücke erzähle ich meinen Freunden und Kollegen und mit Dankbarkeit erwähne ich Ihren Namen

Zum Anlaß des heranrückenden heiligen Weihnachten und Neujahrs begrüße ich Sie und wünsche frohes Fest, gutes Erfolg, die Erfüllung der Pläne und Träume in Neujahr

Ihr
Leonas Pivoriunas

Vilnius
20. Dezember 1992

Brief von Elisabeta Tkadlecová
aus Pilsen
mit einem Foto der Skulptur "Frau"
02.02.1993

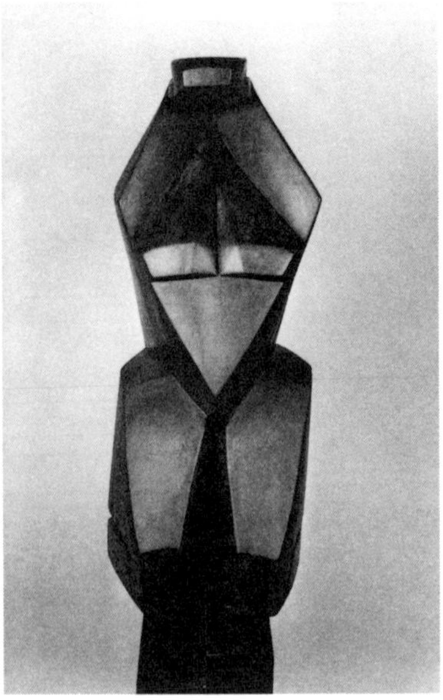

Sehr geehrte Herr
Dr. Schiffkorn,

Ich danke Ihnen für die angenehme überroschung, die Sie mir mittels der Einsendung der Erinnerungen auf die Sommersymposium '92 in Schwarzenberg vorbereitet haben. Ich wünsche mich, daß dieser Platz in Europa dem gesandten des Friedens und der Liebe zwischen den Leuten war.
Alles gutes und schönes in der Füllung Ihrer Mission.

Mit dem Freimut,

E. Tkadlecová

Plzeň – 02.02.1983

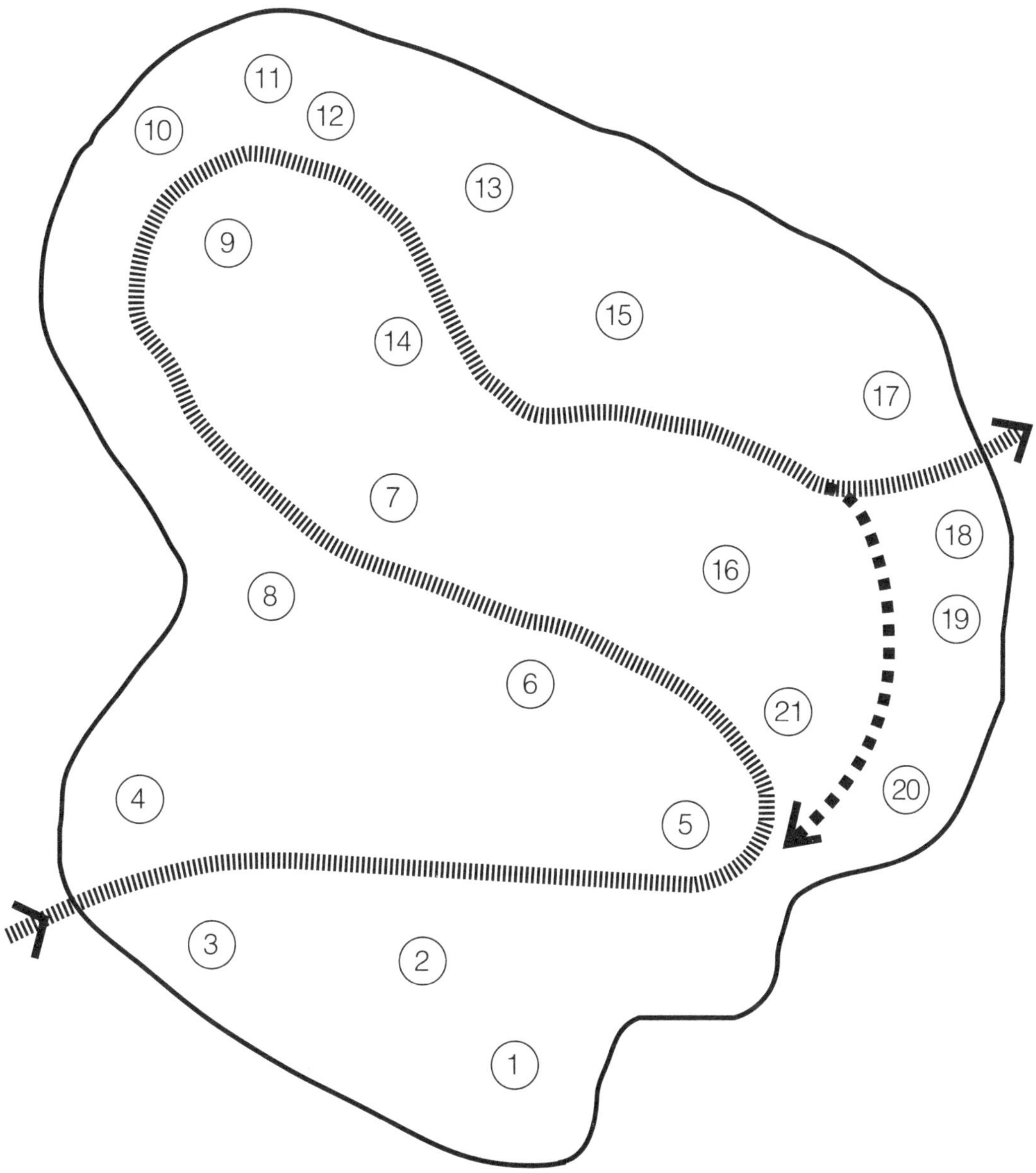

1 Jaroslav Sindelar
2 Laszlo Fish-Kovacs
3 Manfred Schöller
4 Elisabeta Tkadlecova
5 Ladislav Rektoris
6 Maria Moroz
7 Eva Roucka
8 John Antone
9 John Antone
10 Hermann Eckerstorfer
11 Tomas Kus
12 Tomas Kus
13 Hans Heis
14 Elisabeta Tkadlecova
15 Werner Kramer
16 Terje Ojaver
17 Hermann Eckerstorfer
18 Mircea Roman
19 Terje Ojaver
20 Jozef Sramka
21 Elisabeta Tkadlecova

Die übrigen Skulpturen vom Bildhauersymposion 1992 sind im gesamten Gemeindegebiet aufgestellt.

ZU DANKEN IST

den österreichischen Vertretungsbehörden im Ausland
dem Bundesministerium für Unterricht und Kunst
dem Verein "KulturKontakt"

dem Prämonstratenser-Stift Schlägl
der OÖ. Raiffeisenwerbung
der Raiffeisenkasse Schwarzenberg
der Oberösterreichischen Versicherung

der Adolf Bauer GmbH, Ulrichsberg
den Sägewerken
Johann Fesl, Hanging
Josef Laus, Vorderschlag
Lindorfer GmbH, Schlägl
Peter Arnreiter, Öpping
Albrecht Neidhart, Damreith
Adolf Leitner, Ulrichsberg

meiner Mitarbeiterin Eva Dumfart
Dr. Horst und Brigitte Bernhard
sowie allen freiwilligen Helfern aus Schwarzenberg

In der Reihe „Grenzgänger“ wurden bis jetzt über 70 grenzüberschreitende Projekte realisiert, darunter folgende große Kunstausstellungen:

To date, over 70 international projects have been realized in the series "Border Crossings", including following major art exhibitions:

V edici "Grenzgänger" bylo dosud realizováno více než 70 mezinárodních projektů. Byli mezi nimi např. následující velké výstavy umění:

21. 7. – 3. 9. 1990	Auronzo di Cadore, Italien
8. 9. – 30. 9. 1990	Museo Casabianca, Malo (VI), Italien
10. 10. – 4. 11. 1990	Galerie Blauer Pavillon, Prag, CSFR
20. 11. – 14. 12. 1990	Neue Galerie der Stadt Pilsen, CSFR
29. 6. – 25. 7. 1991	Palazzo della Gran Guardia, Verona, Italien
27. 7. – 31. 8. 1991	Pramaggiore (VE), Italien
10. 9. – 4. 10. 1991	Galerie Maerz, Linz, Österreich
12. 2. – 6. 3. 1992	Galerie Maerz, Linz, Österreich
15. 4. – 10. 5. 1992	M. K. Ciurlionis Kunstmuseum, Kaunas, Litauen
22. 5. – 21. 6. 1992	Litauische Kunstausstellungshalle, Vilnius, Litauen
7. 7. – 31. 7. 1992	Ausstellungshalle des Russischen Kulturfonds, Moskau
9. 8. – 27. 9. 1992	Künstlerzentrum Schloß Parz, Österreich
10. 10. – 10. 11. 1992	Galleria Leonardi V-Idea, Genua, Italien
15. 11. – 15. 12. 1992	Museo d'Arte Contemporanea, San Martino di Lupari (PD), Italien
7. 3. – 4. 4. 1993	Museo Casabianca, Malo (VI), Italien
29. 6. – 3. 9. 1993	Galerie Pohlhammer im Museum Arbeitswelt, Steyr, Österreich
29. 6. – 3. 9. 1993	Galerie Pohlhammer in der Vereinsdruckerei, Steyr, Österreich
18. 8. – 10. 9. 1993	Galerie Forum, Wels, Österreich
5. 10. – 29. 10. 1993	Galerie Maerz, Linz, Österreich
10. 6. – 31. 7. 1994	Palazzo Agostinelli, Bassano del Grappa, Italien
9. 9. – 4. 10. 1994	Hipp-Halle, Gmunden, Österreich
12. 10. – 28. 10. 1994	Galerie Maerz, Linz, Österreich
14. 10. – 6. 11. 1994	Galerie Pohlhammer im Museum Arbeitswelt, Steyr, Österreich
14. 10. – 6. 11. 1994	Kunsthaus Schloß Lamberg, Steyr, Österreich
14. 11. – 9. 12. 1994	Italienisches Kulturinstitut Wien, Österreich
16. 11. – 16. 12. 1994	Weiße Galerie, Pädagogische Akademie der Diözese, Linz, Österreich

Edition Grenzgänger, Folge 13
N.F. der OK-Katalog-Edition
Besorgt von Dr. Aldemar Schiffkorn
Dezember 1992 – Dezember 1994

Internationales Bildhauersymposion
Schwarzenberg am Böhmerwald
22.8. - 6.9.1992

Veranstalter: Land Oberösterreich
Medieninhaber: Büro für kulturelle Auslandsbeziehungen des Landes Oberösterreich, Landstraße 31, A-4020 Linz
Redaktion: Dr. Aldemar Schiffkorn
Übersetzungen: Mag. Jitka Jilkova, Mag. Linda Altmisdört, Dr. Alena Aigner, Gertrud Jaquemar, Aileen Derieg
Texterfassung: Sabine Paur, Eva Dumfart
Grafische Gestaltung: Gottfried Hattinger
Repros: Krammer, Linz
Druck: Landesverlag, Linz
Bildnachweis: Peter Paul Wiplinger; Leonhard Deutschbauer, Dr. Horst und Brigitte Bernhard, Dr. Aldemar Schiffkorn und die Symposionsteilnehmer

ISBN 3-901246-07-X

Die Manuskripte zum Katalogteil wurden im Frühjahr 1993 abgeschlossen. Der Katalog konnte aus mehreren Gründen erst jetzt erscheinen:

° Der beauftragte Fotograf hatte im Herbst 1992 nicht alle Skulpturen fotografiert, die meisten konnten erst wieder ein Jahr später aufgenommen werden.

° Unser Büro mußte während der Katalogarbeiten übersiedeln.

° Alle anderen bereits terminisierten Großprojekte samt ihren Begleitpublikationen konnten nicht verschoben werden.

Nur beim Symposion fertiggestellte Arbeiten wurden in den Katalog aufgenommen.

OÖ KULTUR